T0054201

TOP **10**
MADRID

Top 10
Madrid

Bienvenido a Madrid......................**5**

Explorar Madrid.........................**6**

Lo esencial de Madrid.................**10**

Palacio Real..............................**12**

Museo Nacional del Prado..........**16**

Plaza Mayor..............................**22**

Real Basílica de San Francisco
el Grande **24**

El Rastro..................................**26**

Museo Nacional Thyssen-
Bornemisza **28**

Museo Nacional Centro
de Arte Reina Sofía.................**32**

Parque del Retiro.......................**36**

Museo Arqueológico
Nacional...............................**38**

El Escorial................................**40**

Lo mejor
de Madrid

Hitos históricos **46**

Museos **48**

Lugares de interés
arquitectónico.....................**50**

Parques y jardines **52**

Deportes y toros.........................**56**

Rutas menos frecuentadas.........**58**

Madrid para niños......................**60**

Centros de cultura.....................**62**

Bares **64**

Bares de tapas...........................**66**

Restaurantes.............................**68**

Tiendas típicas españolas **70**

Madrid gratis.............................**72**

Fiestas y acontecimientos...........**74**

CONTENIDOS

Recorridos por Madrid

Paseo del Prado
y alrededores............................**78**

Barrio de Salamanca
y Recoletos................................**84**

Centro de Madrid........................**92**

El Madrid de los Austrias...........**100**

Casco antiguo............................**106**

Chueca y Malasaña....................**118**

Comunidad de Madrid...............**126**

Datos útiles

Cómo llegar y moverse **134**

Información práctica..................**138**

Dónde alojarse **142**

Índice general............................**148**

Agradecimientos........................**156**

Notas de viaje............................**158**

Callejero **160**

Las listas Top 10 de esta guía no siguen un orden jerárquico en cuanto a calidad o popularidad. Cualquiera de las 10 opciones, a juicio del editor, tiene el mismo mérito.

Cubierta, portadilla y lomo *Impresionante vista de la catedral de la Almudena* ***Contraportada, desde arriba a la izquierda en el sentido de las agujas del reloj*** *Tapas españolas; edificio Metrópolis en Gran Vía; el exhuberante parque del Retiro; catedral de la Almudena; calle Toledo, plaza Mayor.*

Debido a la pandemia de COVID-19 muchos hoteles, restaurantes y tiendas han modificado sus horarios o se han visto obligados a cerrar. Por favor consulte con cada establecimiento antes de acudir.

Toda la información de esta Guía Visual Top 10 se comprueba anualmente. Se han hecho todos los esfuerzos para que esta guía esté lo más actualizada posible a fecha de su edición. Sin embargo, algunos lugares han podido cerrar y algunos datos, como números de teléfono, horarios, precios e información práctica, pueden sufrir cambios. La editorial no se hace responsable de las consecuencias que se deriven del uso de este libro, ni de cualquier material que aparezca en los sitios web de terceros, además no puede garantizar que todos los sitios web de esta guía contengan información de viajes fiable. Valoramos mucho las opiniones y sugerencias de nuestros lectores. Puede escribir al correo electrónico: **travelguides@dk.com**

Bienvenido a
Madrid

Madrid ofrece numerosos atractivos, entre ellos famosas obras de arte, un espléndido Palacio Real, magníficos jardines y preciosas plazas. Es una ciudad llena de energía y creatividad, pero que ha conservado el encanto tradicional. Su oferta de arte, danza y teatro contemporáneo es cada vez mayor y sus fiestas tradicionales abarrotan las calles. Con esta guía visual Top 10 de Madrid podrá empezar a explorarla.

A pesar del bullicio, Madrid es una ciudad muy acogedora gracias al entrañable ambiente de barrio que se respira en sus distintas zonas y a la amabilidad de sus habitantes. El elegante barrio de **Salamanca** alberga sofisticados restaurantes y tiendas de moda, y en **La Latina** se encuentran el **mercado de la Cebada,** donde se venden productos frescos, y atractivos bares de tapas. El tradicional **Lavapiés** ofrece magníficas tiendas *vintage* y bares alternativos, y en el bohemio barrio de **Chueca** abundan los bares de cócteles y las cafeterías.

El visitante puede seguir las huellas de grandes escritores en el **barrio de las Letras;** visitar el **Palacio Real,** el más grande de Europa occidental, o contemplar el atardecer sobre la **sierra de Guadarrama.** Y también es posible disfrutar del *Guernica* de Picasso en el **Museo Nacional Centro de Arte Reina Sofía,** o tratar de interpretar la enigmática sonrisa de la *Dama de Elche* en el **Museo Arqueológico.** Y al caer la noche, en la ciudad que nunca duerme (a los madrileños los llaman gatos) se sale de fiesta hasta tarde.

Ya sea una visita de un fin de semana o de una semana, esta guía Top 10 aúna lo mejor de la ciudad, desde las *Pinturas negras* de Goya en el Prado hasta los almendros en flor del **parque Quinta de los Molinos**. La guía contiene consejos útiles, desde actividades gratuitas hasta lugares menos visitados, junto con nueve itinerarios fáciles de seguir, diseñados para visitar varios destinos turísticos en un breve espacio de tiempo. Además, las atractivas fotografías y los planos detallados convierten esta guía en un compañero de viaje imprescindible. **Disfrute de la guía y disfrute de Madrid.**

En el sentido de las agujas del reloj desde arriba: el majestuoso palacio de Cibeles; café del Madrid antiguo; catedral de la Almudena; parque con almendros en flor; Museo Nacional Centro de Arte Reina Sofía; puente sobre el río Manzanares

Explorar Madrid

Madrid cuenta con una gran variedad de museos históricos, monumentos, parques y jardines, además de estupendas tiendas, restaurantes y una animada vida nocturna. Las opciones son infinitas. Aquí le ofrecemos algunas ideas para disfrutar de dos y cuatro días en la divertida y hermosa Madrid.

La plaza Mayor es la plaza más grandiosa y famosa de la ciudad.

Dos días en Madrid

Día ❶

MAÑANA
Disfrute de un café en la **plaza Mayor** (ver pp. 22-23) antes de dirigirse hacia el paseo del Prado y el magnífico **Museo Nacional del Prado** (ver pp. 16-21). Verlo todo en una visita es demasiado, así que conviene limitarse a lo más destacado.

TARDE
Después de almorzar, siga hacia el **parque del Retiro** (ver pp. 36-37) y dé un paseo entre los bellos jardines. Luego baje hacia el **Museo Nacional Centro de Arte Reina Sofía** (ver pp. 32-35), para disfrutar con su colección de arte moderno.

Día ❷

MAÑANA
Visite el **Palacio de Gaviria** (ver. p. 96), un espléndido edificio del siglo XIX con lámparas de araña, frescos y espejos dorados que alberga exposiciones temporales de arte. Luego almuerce en el **mercado de San Miguel** (ver p. 105).

TARDE
Tómese un café en la preciosa **plaza de Oriente** (ver p. 103) antes de dirigirse al **Palacio Real** (ver pp. 12-15), uno de los mayores de Europa.

Simbología
— Recorrido de dos días
— Recorrido de cuatro días

Cuatro días en Madrid

Día ❶

MAÑANA
Acuda temprano al principal museo de Madrid, el **Museo Nacional del Prado** (ver pp. 16-21), y dedique la mañana a admirar la magnífica colección de arte europeo, sin perderse las *Pinturas negras* de Goya ni *Las Meninas* de Velázquez.

TARDE
Pasee sin prisa por las callejuelas del Madrid antiguo en dirección a la elegante **plaza Mayor** (ver pp. 22-23), y luego visite el bonito **palacio de Gaviria** (ver p. 96), que alberga exposiciones de arte.

Día ❷

MAÑANA
Pase la mañana con la enigmática *Dama de Elche* y las demás joyas del **Museo Arqueológico Nacional** (ver

El parque del Retiro permite escapar del bullicio de la ciudad. Hay un lago para remar, jardines y actividades para todas las edades.

El Escorial es un magnífico complejo con palacio real, basílica y monasterio.

CHUECA

Museo Arqueológico Nacional

RECOLETOS

Pastelería Mallorca

Museo Nacional Thyssen-Bornemisza

Parque del Retiro

2

Paseo del Prado

Museo Nacional del Prado

CORTES

3

Estación del Arte

1

Museo Nacional Centro de Arte Reina Sofía

0 metros   500

---

pp. 38-39). Luego tome algo dulce, por ejemplo en la **Pastelería Mallorca** (ver p. 88), y diríjase hacia el **parque del Retiro** (ver pp. 36-37).

TARDE

Las madonas de los primitivos italianos y las pinturas de los impresionistas franceses transmiten tranquilidad en el **Museo Nacional Thyssen-Bornemisza** (ver pp. 28-31). La cafetería del jardín es perfecta para tomarse algo y descansar.

Día ❸

MAÑANA

Si está en Madrid un domingo, madrugue y visite el mercado callejero de **El Rastro** (ver pp. 26-27). Pase el resto de la mañana en el fastuoso **Palacio Real** (ver pp. 12-15), cuyos salones están decorados con exquisitas pinturas y tapices.

TARDE

Visite el **Museo Nacional Centro de Arte Reina Sofía** (ver pp. 32-35) para admirar la obra maestra de Picasso, el *Guernica*, además de trabajos de Dalí, Miró, Gris y artistas contemporáneos como Eduardo Arroyo y Miquel Barceló.

Día ❹

MAÑANA Y TARDE

Dedique el día a **El Escorial** (ver pp. 40-43), un espléndido complejo con monasterio, basílica y palacio. Durante la visita a las sencillas estancias, la ornamentada basílica y la magnífica biblioteca, puede aprovechar para almorzar en los fabulosos jardines (si ha venido preparado), aunque también puede comer luego en algún restaurante de San Lorenzo de El Escorial (ver pp.130-131).

Top 10 Madrid

**Monumento a Alfonso XII
junto al estanque del Retiro**

Lo esencial de Madrid 10

Palacio Real 12

Museo Nacional del Prado 16

Plaza Mayor 22

Monasterio de las Descalzas
Reales 24

El Rastro 26

Museo Nacional Thyssen-
Bornemisza 28

Museo Nacional Centro
de Arte Reina Sofía 32

Parque del Retiro 36

Museo Arqueológico
Nacional 38

El Escorial 40

🔟 Lo esencial de Madrid

Solo por los tres museos de categoría internacional y los dos palacios reales que alberga, merece la pena visitar Madrid, pero la ciudad ofrece mucho más: desde las tiendas de alta costura del barrio de Salamanca hasta sus famosos bares de tapas o espacios donde contemplar su intensa actividad, como la elegante plaza Mayor.

1 Palacio Real
La antigua residencia de los Borbones españoles alberga todo tipo de tesoros (ver pp. 12-15).

2 Museo Nacional del Prado
Pinacoteca de fama mundial de visita obligada por sus extraordinarias colecciones (ver pp.16-21).

3 Plaza Mayor
Esta magnífica plaza, rodeada de tiendas, es el centro de la ciudad desde hace siglos (ver pp. 22-23).

4 Real Basílica de San Francisco el Grande
Esta iglesia del siglo XVIII cuenta con obras de arte sobresalientes y una gran cúpula decorada con frescos de vivos colores (ver pp. 24-25).

5 El Rastro
Uno de los mercadillos más famosos de Madrid cuyas raíces se remontan a más de 400 años (ver pp. 26-27).

7 Museo Reina Sofía

Alberga el *Guernica* de Picasso, uno de los cuadros más famosos del siglo XX. Este fantástico museo también expone las obras de otros importantes artistas españoles *(ver pp. 32-35)*.

6 Museo Thyssen-Bornemisza

Esta valiosa colección de arte europeo de los siglos XIII al XX atrae alrededor de un millón de visitantes al año *(ver pp. 28-31)*.

Parque del Retiro 8

Antiguamente solo la realeza tenía acceso a él, hoy los madrileños y visitantes disfrutan de este bonito parque *(ver pp. 36-37)*.

9 Museo Arqueológico Nacional

Este museo alberga más de 300.000 obras de arte y objetos, que se exponen en unos espacios renovados con gran acierto para que brillen con toda su intensidad *(ver pp. 38-39)*.

10 El Escorial

Felipe II fundó este impresionante complejo formado por un palacio, una basílica y un monasterio como panteón para los monarcas Habsburgo, con la sierra de Guadarrama como precioso telón de fondo *(ver pp. 40-43)*.

TOP 10 ⭐ Palacio Real

El Palacio Real de Madrid es uno de los monumentos arquitectónicos más importantes de Europa. Más de la mitad de las dependencias son accesibles al público, con sus suntuosos tapices de seda, frescos y estucos dorados y objetos de arte de incalculable valor. Su ubicación es igualmente impresionante: más allá del patio principal (plaza de la Armería) se despliega una magnífica panorámica de parques y bosques, que se extiende hasta las cumbres de la sierra de Guadarrama.

Fachada ①

Merece la pena detenerse en la plaza de Oriente para disfrutar de la fachada de Sacchetti *(derecha)*, que brilla con el sol. Sacchetti le imprimió ritmo alternando columnas jónicas con pilastras toscanas.

③ Salón de columnas

En este exquisito salón se celebraban bailes y banquetes, y todavía hoy se utiliza en ocasiones solemnes. Destacan el fresco de Giaquinto de Carlos III como Apolo y los tapices de seda de siglo XVII.

② Escalera principal

Tras sentar a su hermano en el trono español, Napoleón dijo al ver los hermosos frescos de la escalera *(arriba)*: "José, tus aposentos van a ser mejores que los míos".

④ Salón del Trono

Giovanni Battista Natali diseñó este salón *(derecha)* para Carlos III, como alabanza a la monarquía española. Los leones de bronce que custodian el trono se realizaron en Roma en 1651.

INFORMACIÓN ÚTIL

PLANO J3 ■ Calle Bailén ■ 91 454 88 00 ■ www.patrimonionacional.es

Horario abr-sep: 10.00-20.00 diario; oct-mar: 10.00-18.00; 24 y 31 dic: 10.00-15.00; cerrado 1 y 6 ene, 1 may y 25 dic

Entrada 13 €, 7 € (descuento), más 4 € (visita guiada) y 3 € (audioguía); gratis lu-ju (abr-sep: 18.00-20.00; oct-mar: 16.00-18.00) menores 5 años, ciudadanos de la UE e iberoamericanos

■ El palacio puede cerrar sin previo aviso por ceremonias oficiales; consultar antes. Para evitar colas es mejor acudir a primera hora.

■ El primer miércoles de mes (oct-jul) se puede asistir al cambio de guardia, a mediodía. Los otros miércoles y los sábados hay una ceremonia de 11.00 a 14.00.

■ La avenida de los Jardines del Campo del Moro *(ver p. 52)* ofrece unas extraordinarias vistas de la fachada del palacio.

7 Cámara de Gasparini

Bautizada con el nombre de su decorador, esta magnífica estancia (*izquierda*) era el vestidor de Carlos III. Destacan los techos, estucos de flores y plantas, un excelente ejemplo del estilo *chinoiserie* del siglo XVIII.

CONSTRUCCIÓN DEL PALACIO

El palacio se levantó sobre el solar del alcázar musulmán del siglo IX. En 1734 la estructura de madera ardió y Felipe V encargó primero al arquitecto italiano Filippo Juvarra y, tras su muerte, a su discípulo Giovanni Sacchetti, el diseño de un nuevo edificio. Los trabajos comenzaron en 1738 y finalizaron en 1764. El último monarca que lo habitó fue Alfonso XIII.

9 Armería Real

La Armería Real, ubicada en un pabellón levantado en 1897, cuenta con más de 2.000 piezas, en su mayoría fabricadas para justas y torneos más que para batallas, así como instrumentos de tortura que se remontan a la época de la Inquisición.

5 Real Cocina

 Emplazada en los sótanos, se diseñó en 1737. En ella se preparó el banquete para la boda del rey Felipe VI con la reina Letizia. Se trata de la cocina real más antigua y mejor conservada de Europa, y en ella se exhiben 2.625 utensilios, todos ellos con el emblema de la realeza.

8 Real Biblioteca

Fundada por el rey Felipe V en 1712, la Real Biblioteca atesora más de 20.000 artículos, incluido el *Libro de horas* de Isabel la Católica, una Biblia que perteneció a María de Molina y unas Sagradas Escrituras de la época de Alfonso XI de Castilla.

10 Capilla Real

La decoración de esta capilla se suele atribuir a Ventura Rodríguez, aunque trabajó mano a mano con otros colaboradores. La cúpula, que descansa sobre unas sólidas columnas de mármol negro, está iluminada con más frescos de Giaquinto.

6 Comedor de gala

La sala de banquetes (*derecha*) fue creada para la boda de Alfonso XII en 1879. Los tapices y los frescos del techo son de González Velázquez y Anton Mengs. Hermosos jarrones chinos mil flores adornan los salientes de las ventanas.

Tesoros artísticos del Palacio Real

1 Daga de Boabdil
En la armería se guarda una hermosa daga con joyas incrustadas que perteneció a Boabdil, rey musulmán del siglo XV.

2 Tapices de Vertumnus y Pomona
Estos tapices, del comedor de gala, los fabricó en Bruselas Willem de Pannemaker, en el siglo XVI.

3 Porcelana
La colección real de porcelana incluye algunas elegantes vajillas de Sèvres y Meissen.

Violín fabricado por Antonio Stradivari

8 Los violines Stradivarius
El cuarteto de palacio (dos violines, una viola y un violonchelo), de valor incalculable, fue construido en el siglo XVIII por Antonio Stradivari.

9 El *Apolo* de Giaquinto
El fresco de Giaquinto del techo del salón de Columnas muestra a Carlos III como el rey del sol Apolo, surcando los cielos en su carro.

10 Grandeza y poder de la monarquía española
Los frescos realizados por Giovanni Battista Tiepolo en el salón del Trono son una proeza. Las figuras menores representan las posesiones españolas en ultramar.

Tapiz de san Juan, salón de Columnas

4 Tapices del salón de Columnas
Estos tapices del siglo XVI representan escenas de la vida de los apóstoles.

5 Retratos de Goya
En el cuarteto de retratos pintados por Goya, que representan a Carlos IV y su esposa María Luisa, la reina aparece como una maja.

6 Mesa de las esfinges
Esta mesa del siglo XVIII, colocada en el salón de Columnas, se levanta sobre seis esfinges de bronce.

7 Cronos
Este reloj se realizó en 1799 para Carlos IV; contiene una escultura en mármol de Cronos.

Frescos de Tiepolo, salón del Trono

LOS HABSBURGO Y LOS BORBONES

La casa austriaca de los Habsburgo reinó en España durante casi 200 años (1516-1700), comenzando con Carlos I y su hijo Felipe II *(ver p. 43)*. Cuando subió al trono el primer Borbón, Felipe V (nieto de Luis XIV de Francia), España ya había

Carlos III, admirado monarca

empezado a decaer. Felipe fue cuestionado por el archiduque Habsburgo Carlos de Austria, lo que provocó la guerra de sucesión (1701-1713) tras la cual España perdió territorios en Bélgica, Luxemburgo, Italia, Cerdeña y Gibraltar. La presencia de los Borbones proporcionó una excusa a Napoleón para interferir en los asuntos españoles e imponer a su hermano como rey. Aunque los Borbones fueron reinstaurados en 1814, se vivió más de un siglo de agitación política, durante el cual los derechos de la dinastía fueron continuamente discutidos hasta que se abolió la monarquía en 1931. A la República, le siguieron la Guerra Civil y la dictadura. Tras la muerte del dictador Franco en 1975, con el rey Borbón Juan Carlos I, regresó la monarquía hasta que abdicó en favor de su hijo Felipe VI en junio de 2014.

TOP 10 MONARCAS HABSBURGO Y BORBONES

1 **Carlos I** (1516-1556)
2 **Felipe II** (1556-1598)
3 **Felipe III** (1598-1621)
4 **Felipe V** (1724-1746)
5 **Carlos III** (1759-1788)
6 **Carlos IV** (1788-1808)
7 **Fernando VII** (1813-1833)
8 **Isabel II** (1833-1868)
9 **Alfonso XIII** (1902-1931)
10 **Juan Carlos I** (1975-2014)

La batalla de Turín, 1706, de Joseph Parrocel; un momento clave en la guerra de sucesión

TOP 10 ⭐ Museo Nacional del Prado

El Prado es una de las mejores pinacotecas del mundo. El núcleo lo forma la Colección Real, compuesta principalmente por cuadros de los siglos XVI y XVII. La colección de pintura española es insuperable; destacan Goya, con 114 cuadros, y Velázquez, con 50. En la colección italiana se incluyen obras maestras de Fra Angélico, Rafael, Botticelli, Tiziano y Tintoretto. También cuenta con más de 90 obras de Rubens, además de lienzos de destacados artistas flamencos y holandeses. La sección emplazada en el claustro de los Jerónimos y diseñada por el arquitecto Rafael Moneo acoge una colección de escultura renacentista y exposiciones temporales. En 2018 se reabrió la segunda planta con 1.700 obras.

1 Auto de fe presidido por santo Domingo de Guzmán

Pedro Berruguete (c.1445-1503) introdujo el Renacimiento en Castilla. Este cuadro (c.1495) muestra a santo Domingo en un juicio junto a los inquisidores.

2 La adoración de los pastores

El Greco (1541-1614) nació en Creta y esto le mereció su sobrenombre (el griego) al instalarse en Toledo en 1577. Creó esta obra maestra en 1612 (arriba) para la capilla de la iglesia en la que iba a ser enterrado.

3 El sueño de Jacob

José Ribera (1591-1652) revela su maestría en este cuadro (derecha) sobre el misterioso sueño de Jacob, tal como aparece en el Génesis. Esta obra maestra (c. 1639) muestra la excelente capacidad compositiva de Ribera y su delicado sentido del color.

4 La maja desnuda

Este famoso retrato (c.1795-1800) pintado por Francisco de Goya (1746-1828) es uno de los excepcionales desnudos en la pintura española de la época. Resulta inseparable de La maja vestida. Ambas se exhiben en la misma sala.

5 Sagrada familia del pajarito

Bartolomé Esteban Murillo (1617-1682), al igual que Zurbarán, trabajó en Sevilla y sus alrededores, principalmente en la decoración de conventos y monasterios. Esta hermosa obra (1650) de pincelada fluida es un ejemplo típico de su obra.

6 Las Meninas

Este virtuoso ejercicio de perspectiva (1656) lo pintó Diego Velázquez (1599-1660). Junto a la infanta Margarita se sitúan sus dos damas de honor (las Meninas). El pintor aparece con la paleta y el pincel en sus manos (abajo).

7 **Las hilanderas**
Este cuadro (c.1657) de Velázquez se basa en la fábula de la tejedora Aracne *(arriba)*.

8 **San Jerónimo**
José de Ribera (1591-1652) pintó este expresivo retrato de san Jerónimo en 1644. Como muchos artistas de la época, Ribera estaba influenciado por Caravaggio.

9 **La pradera de San Isidro**
Este paisaje pintado por Goya en el año 1788 evoca perfectamente el ambiente festivo de las celebraciones *(ver p. 74)* y la luz primaveral de Madrid.

10 **El 3 de mayo de 1808 en Madrid: los fusilamientos en la montaña del Príncipe Pío**
En este dramático cuadro de 1814, Goya plasmó la ejecución de los líderes de la insurrección contra los franceses. La figura con los brazos en cruz que aparece iluminada *(ver p. 19)* representa la libertad aniquilada por las fuerzas invasoras.

INFORMACIÓN ÚTIL

PLANO F5 ■ Paseo del Prado
■ 91 330 28 00; reservas 910 68 30 01
■ www.museodelprado.es

Horario 10.00-20.00 lu-sá; 10.00-19.00 do y festivos; 6 ene, 24 y 31 dic: 10.00-14.00; cerrado 1 ene, 1 may y 25 dic

Entrada 15 €, 7,50 € (descuento), 24 € entrada y guía; gratis 18.00-20.00 lu-sá, 17.00-19.00 do y festivos

■ Hay que comprar las entradas con antelación; es recomendable hacerlo por Internet o por teléfono.

■ El acceso para personas con movilidad reducida está en la entrada de Los Jerónimos.

■ Algunas obras de arte pueden haber cambiado de ubicación y puede haber zonas del museo cerradas temporalmente. Consultar la página web o llamar al teléfono de información antes de acudir.

GUÍA DEL MUSEO

En la segunda planta del edificio de Villanueva se hallan las pinturas de los siglos XVIII y XIX; las obras de 1550 a 1812 se exponen en la primera planta; las pinturas del 1100 al 1910 y las esculturas están en la planta baja; en el sótano se encuentran los objetos de arte decorativo. El edificio de Los Jerónimos alberga esculturas y exposiciones temporales.

Planta del Museo Nacional del Prado

Plano
Segunda planta
Primera planta
Planta baja

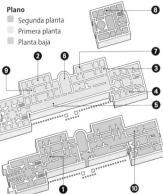

Pintura italiana en el Prado

El tránsito de la Virgen, de Mantegna

Distribución de la pintura italiana

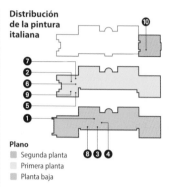

Plano
- Segunda planta
- Primera planta
- Planta baja

1 *El tránsito de la Virgen*
En esta obra de 1460, Andrea Mantegna (c.1431-1506) representa los últimos momentos de la vida de la Virgen.

2 *La Virgen y el Niño entre dos santas*
Bellini (c.1431-1516), fundador de la Escuela Veneciana, muestra en este cuadro una iluminación que aporta un carácter místico.

3 *La historia de Nastagio degli Onesti*
Dos ricas familias florentinas encargaron estas tablas (1483) a Botticelli (c.1444-1510).

4 *El cardenal*
Esta pintura (c.1510) de Rafael (1483-150) destaca por su asombrosa paleta de colores.

5 *El lavatorio*
Esta obra (1547) de Tintoretto (1518-1594) revela su brillante manejo de la perspectiva.

6 *Dánae recibiendo la lluvia de oro*
Tiziano (1488-1576) era muy apreciado por Carlos I. Esta obra de 1553 representa el mito relatado por Ovidio.

7 *David, vencedor de Goliat*
Caravaggio (1571-1610) ejerció gran influencia en los artistas españoles, que admiraban sus contrastes de luces y sombras.

8 *La Anunciación y la Virgen de la Granada*
Esta obra (c.1428), pintada por Fra Angélico (1387-1455), tercera de una serie de Vírgenes con niño. Adquirida de la colección del Duque de Alba.

9 *Venus y Adonis*
Esta hermosa pintura (c.1580) del Veronés (1528-1588) es una obra maestra en el empleo de la luz y el color.

Venus y Adonis, del Veronés

10 *La Inmaculada Concepción*
Este cuadro (1767-1769) de Giambattista Tiepolo (1696-1770) es parte de una serie realizada para una iglesia de Aranjuez.

LAS *PINTURAS NEGRAS* DE GOYA

Autorretrato de Francisco de Goya

Las *Pinturas negras* de Goya, irreverentes, sarcásticas, amargas y técnicamente brillantes, forman parte del grupo de obras más extraordinarias de la historia del arte. Las pintó siendo anciano, en un periodo de aislamiento al que le llevaron sus enfermedades, de hecho volcó en ellas todas sus angustias y temores sobre el dolor, la violencia y la locura. Las colgó en las paredes de su casa, la Quinta del Sordo, situada cerca del río Manzanares. En 1873 el barón D'Erlanger, propietario de la quinta, mandó traspasar las pinturas a lienzos y las donó al Museo del Prado. Estas 14 obras tienen en común, además de la temática, una paleta de colores sombríos. Destaca en la serie *Saturno* (c.1821), que retrata el momento del infanticidio también pintado por Rubens; en esta ocasión el dios no aparece como un héroe barroco sino como un monstruo, el tiempo, que lo devora todo. Incluso en la *Romería de San Isidro* se recoge una procesión grotesca, como versión opuesta a *La Pradera de San Isidro,* confeccionada 40 años antes.

**TOP 10
HITOS EN LA VIDA
DE GOYA**

1 Nace en Fuendetodos, cerca de Zaragoza (1746)

2 Ingresa en el taller de José Luzán (1760)

3 Se traslada a Madrid y trabaja en la Real Fábrica de Tapices (1774)

4 Es admitido en la Academia de San Fernando (1780)

5 Es nombrado pintor de la corte (1786)

6 Pierde el oído (1792)

7 Inicia la relación con los duques de Alba (1795)

8 Es testigo del levantamiento frustrado contra los franceses (1808)

9 Se exilia en Francia (1824)

10 Muere en Burdeos (1828)

El 3 de mayo de 1808: los fusilamientos en la montaña del Príncipe Pío, de Goya

Pintura flamenca y holandesa

Distribución de la pintura flamenca y holandesa

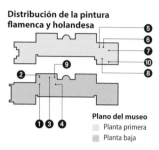

Plano del museo

Planta primera

Planta baja

El descendimiento de la cruz

① El descendimiento de la cruz

Esta hermosa composición (c.1435) de Rogier van der Weyden (c.1399-1464) embelleció las paredes de El Escorial *(ver pp. 40-43)* de Felipe II. Se trasladó al museo después de la Guerra Civil.

② El jardín de las delicias

Esta obra (1500) es la más enigmática del Bosco (c.1450-1516). La interpretación tradicional ve la caída del género humano.

③ El triunfo de la muerte

Esta versión de la danza de la muerte (c.1562-1563) la pintó el maestro flamenco Pieter Brueghel el Viejo (c.1525-1569).

④ La reina María de Inglaterra, segunda mujer de Felipe II

Antonio Moro (1517-1576) pintó en 1554 este retrato de la reina de Inglaterra. La rosa roja es símbolo de los Tudor.

⑤ Judit en el banquete de Holofernes

Este cuadro de 1634 es la única obra de Rembrandt (1606-1669) en el Prado. Se puede ver a la criada de Judit portando el saco en el que guardarán la cabeza de su enemigo, Holofernes.

⑥ La familia del pintor

Jacob Jordaens (1593-1678) era uno de los mejores retratistas del siglo XVII, como se puede comprobar en este cuadro de 1622, en el que se autorretrata junto a su esposa y su hija.

⑦ Sir Endimion Porter y Van Dyck

Este retrato (1632-1637) de Anton van Dyck (1599-1641) recoge al propio autor y al diplomático Endimion Porter, su amigo y mecenas en la corte de Carlos I.

⑧ La Adoración de los Reyes Magos

Pedro Pablo Rubens (1577-1640) pintó el cuadro en 1609, pero en 1628 volvió a revisarlo añadiendo tres tiras con varias figuras y su autorretrato.

⑨ Paisaje con san Jerónimo

Esta obra de 1516-1517 de Joachim Patinir (1480-1524) muestra al santo quitándole una espina a un león.

⑩ Las tres Gracias

Esta obra maestra (c.1635) de Rubens se inspira en la escultura clásica. Los rasgos de la diosa de la izquierda se han identificado con una idealización de su propia esposa.

Las tres Gracias, de **Pedro Pablo Rubens**

OTRAS OBRAS EUROPEAS EN EL MUSEO DEL PRADO

Las joyas de la pequeña pero valiosa colección alemana (sala 55B, planta baja) pertenecen al maestro renacentista Alberto Durero; el *Autorretrato* de 1498 y su representación de *Adán* y *Eva,* ambos de 1507. La mayor parte de la colección francesa data de los siglos XVII y XVIII (primera planta, salas 2-4). Los paisajes de Claudio de Lorena

Autorretrato, de Alberto Durero, pintado en 1498

y las obras de Nicolas Poussin son extraordinarios. Felipe II empezó a coleccionar esculturas clásicas (planta baja, salas 71-74) en el siglo XVI, en su mayoría se trata de copias romanas de originales griegos. No hay que perderse las tres Venus –*Venus de Madrid, Venus de la concha y Venus del delfín*– y las estatuas de San Ildefonso, que datan de la época del emperador Augusto (siglo I a.C.). El Tesoro del Delfín (sótano) fue heredado por Felipe V, nieto de Luis XIV de Francia. La fabulosa colección de copas, vasos y bandejas fue confeccionada con piedras preciosas (jaspe, lapislázuli, ágata y cristal de roca) e incrustaciones con joyas.

El Parnaso, de Nicolas Poussin (1594-1665)

TOP 10 OBRAS DE ARTE EUROPEO

1 *Autorretrato,* Alberto Durero (colección alemana)

2 *Cacería en el castillo de Torgau en honor de Carlos V,* Lucas Cranach el Viejo (colección alemana)

3 *El embarco de Santa Paula Romana,* Claudio de Lorena (colección francesa)

4 *El Parnaso,* Nicolas Poussin (colección francesa)

5 **Estatuas de San Ildefonso** (escultura clásica)

6 *Venus de Madrid* (escultura clásica)

7 *Venus de la concha* (escultura clásica)

8 *Estatua de Deméter* (escultura clásica)

9 **Salero de ónice con sirena** (Tesoro del Delfín)

10 **Vaso de la Montería** (Tesoro del Delfín)

TOP 10 ⭐ Plaza Mayor

La plaza más famosa de Madrid se completó en 1619. Se pretendía que sorprendiera al visitante y, con su capacidad para acoger a 50.000 personas, todavía lo consigue. Actualmente es, ante todo, un espacio para pasear o para relajarse tomando algo en medio del bullicio de los grupos de gente y de los turistas. Originalmente se conocía como plaza del Arrabal porque estaba fuera de las murallas de la ciudad. Después de un incendio en 1791, Juan de Villanueva, arquitecto del Prado, la rediseñó y le añadió los arcos de granito que hoy la rodean. A lo largo de su historia, la plaza Mayor ha servido de mercado, teatro al aire libre, plaza de toros y patíbulo. El Ayuntamiento ocupa parte de sus edificios.

1 Estatua de Felipe III
Realizada por dos artistas italianos, Tacca y Giambologna, fue trasladada al centro de la plaza en el siglo XIX. El mandatario florentino Cosme el Viejo se la regaló a Felipe III en 1616. Originalmente se encontraba en la Casa de Campo.

2 Casa de la Panadería
Esta casa era la sede del gremio de panaderos, el cual influía poderosamente en el precio del grano. Lo único que se conserva del edificio original, que se quemó en 1672, es el portal.

3 Arco de Cuchilleros
Recuerda a los espaderos y afiladores que trabajaban aquí. Hoy esta calle es famosa por sus mesones, como Las cuevas de Luis Candelas, famoso bandido del siglo XIX que, según se dice, se escondió en las bodegas.

La imponente plaza Mayor

4 Murales de la Casa de la Panadería
En la década de 1980 se convocó un concurso para decorar la fachada debido al deterioro de los frescos anteriores. Carlos Franco pintó unas alegorías del zodíaco que se inauguraron en 1992 (izquierda).

5 Casa de la Carnicería
Este edificio, construido en 1617 en el extremo sur de la plaza Mayor, era originalmente el mercado de carne. Actualmente acoge la Junta Municipal del Distrito Centro.

6 Tiendas de los soportales

El comercio siempre ha sido parte integral de la vida en la plaza Mayor y en sus tiendas *(arriba)* se puede adquirir de todo. En el arco de Cuchilleros n.º 9, los artículos a la venta son artesanales, siguiendo una tradición centenaria.

Cava de San Miguel 7

Cuando se construyeron las casas de esta calle *(derecha)* adyacente a la plaza Mayor, se extrajeron enormes cantidades de tierra de los cimientos de la plaza. Para evitar que se derrumbara, las fachadas de la calle se diseñaron como contrafuertes inclinados.

8 Farolas

Las modernas farolas *(izquierda)* que rodean la estatua de Felipe III tienen grabados con escenas de la vida en la plaza de tiempos pasados. Entre ellos destacan un baile de disfraces, un interrogatorio de la Inquisición y una corrida de toros.

INFORMACIÓN ÚTIL

PLANO M5

■ En el cercano mercado de San Miguel *(ver p. 71)* se puede comprar lo necesario para comer al aire libre en uno de los asientos de la plaza. Pruebe el bocadillo de calamares, una especialidad madrileña.

■ Las placas esmaltadas de las calles dan pistas sobre sus habitantes originales, como la calle de los Botoneros.

■ Una de las principales oficinas de turismo *(91 578 78 10)* de la ciudad está en la plaza Mayor 27.

9 Terrazas de bares y restaurantes

Los bares y restaurantes colocan sus terrazas en la plaza en cuanto llega el buen tiempo. Lo más popular sin duda es el bocadillo de calamares.

10 Mercado de sellos y monedas

Este mercado, toda una tradición, se celebra todos los domingos de 10.00 a 14.00 aproximadamente.

AUTOS DE FE

La Inquisición torturaba en las bodegas del n.º 4 de la calle Felipe III a los acusados de herejía, brujería y otros crímenes. Una vez condenados, tenían que soportar una ceremonia conocida como auto de fe, en la que se leía su sentencia públicamente. Este terrible espectáculo incluía una procesión y humillaciones públicas, y duraba del amanecer al anochecer.

TOP 10 ⭐ Real Basílica de San Francisco el Grande

Ricamente decorada con obras de grandes artistas, la Real Basílica de San Francisco el Grande es una de las iglesias más famosas de Madrid. Destaca por su espléndida cúpula circular, la mayor de España y la cuarta de Europa. Proyectada por Francisco Cabezas, la concluyó Francisco Sabatini en 1784 tras verse interrumpidas las obras por complicaciones relativas al tamaño. La basílica fue declarada Monumento Nacional en 1980 y, tras 30 años de restauración, sus frescos han recuperado el esplendor original.

Cúpula ①
La inmensa cúpula (derecha), con 58 metros de alto y 33 de diámetro, es una de las características más impactantes de la basílica. Es toda una obra de arte formada por ocho paneles principales decorados con frescos de reyes y santos adorando a la Virgen.

② Puertas
Las siete puertas principales que llevan al interior del templo se tallaron en el siglo XIX en la Casa Juan Guas. Las tres puertas centrales tienen los relieves de mejor calidad, en ellos aparece Cristo crucificado entre Dimas y Gestas, los ladrones que murieron junto a él.

③ Exterior
La cúpula y dos torres idénticas rematan la fachada neoclásica (izquierda) desde la renovación de 1878. Su sencilla decoración, con columnas dóricas en el nivel inferior y otras jónicas más esbeltas en el superior, es obra del arquitecto real Francesco Sabatini.

INFORMACIÓN ÚTIL

PLANO B5

■ Calle Gran Vía de San Francisco 19
■ 91 365 38 00

Horario 8.00-10.30 lu-sá (cerrada durante los servicios religiosos los sábados), 10.00-13.30 y 18.30-20.00 do

Entrada 5 € (3 € con descuento)

....

■ El Café Delic (ver p. 116) está en la bonita plaza de la Paja, a poca distancia subiendo por la calle de Bailén y la de la Redondilla.

■ La entrada incluye un recorrido guiado por la basílica (ma-vi).

4 Capillas laterales

Las seis capillas laterales *(arriba)* albergan grandes frescos. Destacan la *Inmaculada Concepción* (1784), de Salvador Maella, y *Santiago en la batalla de Clavijo* (1885), de José Casado del Alisal.

5 Nave

La inusual nave de la basílica tiene forma circular porque se sitúa justo debajo de la cúpula, donde normalmente está el altar.

6 Doce apóstoles

Doce apóstoles de mármol custodian las entradas a las capillas laterales. Fueron realizados por varios artistas, como Agapit Vallmitjana i Barbany y Jerónimo Suñol.

7 Galerías

Detrás del altar Mayor, varias galerías exhiben obras del siglo XVII al XIX, muchas sobre la vida de san Francisco de Asís. Según la leyenda, la basílica ocupa el emplazamiento de un convento fundado por el santo en 1217.

8 Capilla de San Bernadino

La capilla de san Bernardino de Siena alberga una de las pinturas más impresionantes de Francisco de Goya, *San Bernardino de Siena predicando ante Alfonso V de Aragón* (1784). En ella aparece un inusual autorretrato del pintor (con túnica amarilla, a la derecha).

9 Pinturas murales

Detrás del altar mayor de la capilla hay cinco pinturas murales *(arriba)* con escenas de la vida de San Francisco de Asís, separadas por columnas doradas.

10 Sacristía

A la sacristía de la basílica se accede atravesando las galerías y una sillería de madera renacentista finamente tallada. En la pequeña cámara posterior se encuentra la pintura *San Buenaventura recibiendo la visita de santo Tomás de Aquino* (1629), de Francisco de Zurbarán.

EL COMPLEJO DEL CONVENTO

La basílica forma parte del complejo de un convento de proporciones más amplias. La aledaña capilla del Cristo de los Dolores lleva el nombre de la imagen que alberga: un Cristo con los estigmas de la cruz realizado por Sebastián de Herrera en 1664. Hacia el sur se extiende la Dalieda de San Francisco, un tranquilo jardín con buenas vistas de La Latina y la Casa de Campo.

TOP 10 ⭐ El Rastro

Este animado mercado callejero, situado en uno de los barrios populares más antiguos de la ciudad, funciona desde alrededor de 1840. La palabra *rastro* hace referencia al reguero de sangre que dejaban los animales cuando eran llevados al matadero central, que se situaba justo aquí. Goya inmortalizó los tipos de estas calles en cuadros como *El ciego de la guitarra,* que también fueron escenario de sátiras escritas de los siglos XVI y XVII. Entre sus habitantes destacaban las amazonas, un grupo de mujeres a caballo que actuaba en las recepciones reales en el siglo XVI y a las que se recuerda en la calle de las Amazonas.

Calle de la Ribera de Curtidores ①

La calle principal del Rastro recibió su nombre de los curtidores que trabajaban en ella. Todavía se pueden comprar chaquetas de piel en alguno de los puestos *(derecha),* además de camisetas, cinturones, bolsos y sombreros.

② Estatua de Eloy Gonzalo

En el sitio de Cascorro en Cuba (1898), Eloy Gonzalo *(izquierda)* se ofreció voluntario para incendiar el campamento enemigo y fue herido de muerte. Se puede apreciar la lata de gasolina que utilizó.

③ Plaza del General Vara de Rey

En esta bulliciosa plaza se vende ropa de segunda mano, libros y muebles antiguos.

④ Galerías Piquer

Estas galerías, ubicadas en unos soportales en torno a un patio, llevan el nombre de la cantante valenciana Concha Piquer. Cuenta con unas 70 tiendas de muebles y decoración que atraen a los amantes de las antigüedades.

Calle Carlos Arniches ⑤

Esta calle *(derecha),* que desciende desde la plaza principal, marca el comienzo del mercadillo. Entre las baratijas se puede encontrar toda clase de objetos: relojes, cámaras, alfombras...

⑥ Calle Mira el Sol

Este es el lugar al que hay que acudir si se está buscando aparatos eléctricos, piezas sueltas y teléfonos móviles. La esquina con la Ribera de Curtidores es el lugar preferido por la organillera.

9 Comer en El Rastro

Hay muchos bares y cafés en la zona. En Malacatín *(abajo)*, en la calle de la Ruda 5, preparan un delicioso cocido madrileño.

7 Plaza Campillo del Mundo Nuevo

Sus principales visitantes son coleccionistas de todas las edades, pues acuden aquí para rebuscar en los montones de tebeos y revistas de los puestos *(arriba)*. Los coleccionistas de cromos, tarjetas telefónicas y cartas se dan cita en la plaza.

EL RÍO MANZANARES

Las calles del Rastro bajan hacia uno de los lugares más olvidados de Madrid. El río Manzanares solo es famoso por llevar poca agua y ha sido el blanco de bromas desde tiempo inmemorial. Hasta principios del siglo XX, las lavanderas frecuentaban sus orillas; estas trabajadoras aparecen en los cuadros de Francisco de Goya. El puente barroco data de 1719-1732. En su centro, hay imágenes del patrón de Madrid, san Isidro.

8 Alrededor de la Ribera de Curtidores

El material pictórico y los marcos son la especialidad de la calle de Cayetano, mientras que los puestos cercanos a la tienda Army & Navy, en la calle del Carnero, venden una gran variedad de material deportivo. También hay anticuarios y tiendas de restauración de muebles.

10 Puerta de Toledo

Este arco de triunfo *(izquierda)* se comenzó a instancias de José Bonaparte, pero lo terminó Fernando VII, para conmemorar el triunfo sobre los franceses.

INFORMACIÓN ÚTIL

PLANO C5 ■ Horario
9.00-15.00 do y festivos

■ Aunque tradicionalmente en el Rastro solo se vendían artículos de segunda mano, ahora también se venden nuevos.

■ El Rastro es un terreno propicio para los ladrones y carteristas; se debe vigilar los objetos de valor en todo momento.

TOP 10 ⭐ Museo Nacional Thyssen-Bornemisza

El Museo Thyssen-Bornemisza acoge una de las colecciones de arte más importantes del mundo, centrada en la pintura europea desde el siglo XIII hasta el siglo XX. En la década de 1920, el barón Heinrich Thyssen-Bornemisza comenzó a adquirir obras de los viejos maestros para su casa de Suiza. Tras su muerte en 1947, su hijo, Hans Heinrich, amplió la nómina de adquisiciones con obras de arte que incluyen impresionistas franceses, expresionistas alemanes y lo mejor de la vanguardia rusa. En 1993 el Estado compró la colección por 350 millones de dólares (su valor se estima en casi mil) y en el año 2005 el museo inauguró una ampliación, en la que se exponen magníficas obras impresionistas.

Jesús y la samaritana ①

En la colección de los primitivos italianos destaca esta obra (1310-1311) del maestro sienés Duccio di Buoninsegna (c.1255-1319). El realismo del cuadro *(derecha)* muestra la preocupación de Duccio por la exactitud y anticipa el Renacimiento.

② *Autorretrato, de Rembrandt*

Este autorretrato (c.1643) de Rembrandt (1606-1669) es uno de los más de 60 que realizó el gran artista holandés. El autor se muestra a sí mismo como un genio solitario.

③ *Joven caballero en un paisaje*

Vittore Carpaccio (c.1465-1525) es un importante representante de la Escuela Veneciana. Esta obra (1510) muestra a un caballero entre simbólicos animales y plantas *(abajo)*.

④ *Vista de Alkmaar desde el mar*

Esta evocadora marina (c.1650) del artista holandés Salomon van Ruysdael (1600-1670) se considera uno de los mejores ejemplos del género, por su natural dominio del color y la perspectiva.

⑤ *La Virgen del árbol seco*

Este cuadro piadoso (c.1465) del artista holandés Petrus Christus (c.1410-1475) se inspira en una parábola del Antiguo Testamento, en la que Dios revive el árbol seco (el pueblo elegido). Las letras A de las ramas simbolizan el Ave María.

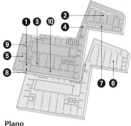

Plano
Primera planta
Segunda planta

Planta del museo

6 Expulsión, luna y luz de fuego
Esta inquietante obra (c.1828) es del americano Thomas Cole, fundador de la Hudson River School. En ella idealiza el inabarcable paisaje americano equiparándolo a un nuevo jardín del Edén.

7 Bodegón con gato y raya
Este bodegón (c.1728) al estilo holandés es de un artista francés, Jean-Baptiste-Siméon Chardin (1699-1779). En la sala 28 se halla su compañero, *Bodegón con gato y pescado*.

8 Retrato de Giovanna Tornabuoni
Este sublime retrato (1488), realizado por el artista florentino Domenico Ghirlandaio (1449-1494), era el favorito del último barón Thyssen. El cuadro se encargó para celebrar el enlace de Giovanna degli Albizzi y Lorenzo Tornabuoni. Por desgracia, Giovanna murió en un parto el mismo año en el que fue retratada.

9 Retrato de Enrique VIII de Inglaterra
Durante el siglo XVI el retrato era un género de moda. Cuando Hans Holbein, el Joven (c.1497-1543) estaba al servicio del rey Enrique VIII, pintó al monarca (c.1537) *(izquierda)* en una pose casi frontal. El rico atuendo sugiere que se encuentra en una habitación privada del palacio de Whitehall.

10 La Anunciación
Figuras alargadas, colorido irreal y anulación del espacio *(abajo)* son características del estilo manierista que El Greco (1541-1614) aprendió en Venecia, donde recibió la influencia de Tiziano y Tintoretto. La intensa espiritualidad de este cuadro (c.1567-1577) muestra la evolución del artista desde su llegada a Toledo en 1577.

INFORMACIÓN ÚTIL

PLANO F4 ▪ Paseo del Prado 8 ▪ 91 791 13 70 ▪ www.museothyssen.org

Horario 10.00-19.00 ma-do (24 y 31 dic: hasta 15.00); cerrado 1 ene, 1 may y 25 dic

Entrada: 13 € (9 € con descuento); colección permanente; gratis 12.00-16.00 lu

▪ El café-restaurante ofrece magníficas vistas del jardín.

▪ En verano, el Thyssen abre por las noches y se puede disfrutar de una cena agradable en el restaurante del jardín.

Guía del museo
La colección se organiza cronológicamente: empieza con los primitivos italianos en la planta alta y finaliza con el arte abstracto y el Pop Art del siglo XX. Las exposiciones temporales están en la planta baja y el sótano.

Pintura moderna del Thyssen

Mujer con sombrilla en un jardín, de Renoir

1 Mujer con sombrilla en un jardín

Este cuadro de un jardín bañado por la luz del sol (c.1873), paradigma del impresionismo, lo pintó uno de los fundadores de esta importante corriente, Pierre-Auguste Renoir (1841-1919). Durante cuatro años, Renoir trabajó como aprendiz de pintor de porcelana y más tarde atribuyó a este aprendizaje su brillante técnica en la utilización de las superficies y las texturas.

2 Bailarina basculando

Este magnífico estudio de una bailarina en movimiento (1877-1879), pintado por el artista francés Edgar Degas (1834-1917), pertenece a una serie de obras dedicada al *ballet.* Al contrario que otros impresionistas, Degas ponía especial énfasis en la importancia del dibujo, como muestra esta fantástica obra al pastel.

3 Les Vessenots

Vincent van Gogh (1853-1890) pintó este deslumbrante paisaje, en 1890, el último año de su turbulenta vida. Durante su estancia en Les Vessenots, cerca de Auvers, al norte de Francia, ejecutó más de 80 lienzos, en su mayoría paisajes pintados al aire libre, en menos de tres meses.

4 Fränzi ante una silla tallada

Ernst Ludwig Kirchner (1880-1938) fue una figura importante del expresionismo alemán, fundador del grupo conocido como Die Brücke (El Puente) de Dresden. A estos artistas les interesaba expresar sentimientos a través de su trabajo y provocar respuestas emotivas en su público, que retratar la realidad exterior. Fränzi Fehrmann, que aparece en esta obra de 1910, fue una de sus modelos favoritas.

5 El sueño

El artista alemán Franz Marc (1880-1916) fue miembro fundador junto a Wassily Kandinsky del influyente Der Blaue Reiter (El Jinete Azul), grupo de gran importancia en la evolución hacia la abstracción. En sus cuadros, los colores se utilizan simbólicamente (el azul para lo masculino y el amarillo para lo femenino, por ejemplo), como en esta obra de 1912, al igual que los animales que rodean al hombre en una especie de paraíso perdido.

6 Bodegón con instrumentos

Liubov Popova (1889-1924) fue uno de los artistas más innovadores que trabajó en Rusia en vísperas de

Bailarina basculando

la Revolución. Este cuadro cubista (1915), completado tras su periodo en París, es parte de la serie *Arquitectura pictórica;* una obra abstracta más atrevida aún se expone en la sala 41.

Plano de la pintura moderna en el Thyssen

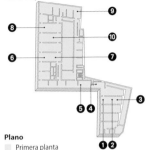

Plano
■ Primera planta

***Bodegón con instrumentos,* de Popova**

7 *New York City, New York*
Piet Mondrian (1872-1944) fue uno de los artistas abstractos más importantes del siglo XX. Nació en los Países Bajos y se trasladó a Nueva York tras el estallido de la II Guerra Mundial. Este cuadro (1940-1942), con sus sencillas formas geométricas y los colores vivos, quedó inacabado.

8 *Marrón y plata I*
Jackson Pollock (1912-1956) fue famoso por sus técnicas de *action painting,* consistentes en arrojar salpicaduras y gotas de pintura sobre un lienzo depositado en el suelo. Tuvo un gran impacto sobre el arte de vanguardia tanto en América como en Europa. Este cuadro (c.1951), colgado en la sala 48, es característico de su propuesta revolucionaria.

9 *Retrato del barón H. H. Thyssen-Bornemisza*
Este revelador estudio del benefactor del museo (1981-1982) es obra de uno de los retratistas modernos ingleses más distinguidos, Lucien Freud (1922-2011). Al fondo se puede contemplar el *Pierrot alegre* de Jean-Antoine Watteau (1684-1721), expuesto en la sala 28.

10 *Habitación de hotel*
En este conmovedor cuadro de 1931, el artista norteamericano Edward Hopper (1882-1967) expresa magistralmente a través de los escasos muebles, las maletas y la postura de la mujer, que sujeta un horario de trenes, la soledad y el desplazamiento –un tema sobre el que el artista volvería una y otra vez–. Hopper es uno de los pintores más importantes del siglo XX, con un estilo propio caracterizado por un realismo inmóvil y esquemático.

***Habitación de hotel,* de Edward Hopper**

TOP 10 ⭐ Museo Nacional Centro de Arte Reina Sofía

La colección de arte español de los siglos XX y XXI del Reina Sofía es magnífica. El museo fue inaugurado por el rey Juan Carlos y la reina Sofía en 1992. Junto a la colección permanente, ofrece exposiciones temporales. Destacan las salas de los grandes maestros de entreguerras –Juan Gris, Joan Miró, Salvador Dalí y Pablo Picasso, cuyo *Guernica* es la pieza central del museo–, pero también hay muchos autores menos conocidos.

1 Mujer en azul
Pablo Ruiz Picasso (1881-1973) pintó este retrato de una cortesana de aspecto insolente (1901) tras su primera visita a París. Después de ser seleccionado para aparecer en una exposición con jurado, el autor no solicitó su devolución y la obra quedó en el olvido.

2 Grito n.º 7
Antonio Saura (1930-1998) retrata la devastación de la Guerra Civil en esta pintura (1959). Fue uno de los principales exponentes del *art brut*, que dio el salto internacional a finales de la década de 1950, cuando las fronteras españolas se abrieron a los artistas.

3 Retrato de Sonia de Klamery, condesa de Pradre (tendida)
En esta obra se observa el estilo sensual de H. Anglada Camarasa (1871-1959).

4 La tertulia del café de Pombo
José Gutiérrez Solana (1886-1945) da testimonio en este retrato colectivo de 1920 de las tertulias de la época. Ramón Gómez de la Serna, dueño del cuadro, aparece de pie en el centro *(abajo)*.

Exterior del Reina Sofía

5 Figura tumbada
Este desnudo de Francis Bacon (1909-1992) se basó en fotografías de Henrietta Moraes realizadas por John Deakin y representa la distorsión de la forma humana.

6 El gran masturbador
El artista catalán Salvador Dalí (1904-1989) fue un importante exponente del surrealismo, gracias a su exploración del subconsciente. En este cuadro emblemático aparecen simbólicamente muchas de las obsesiones del autor.

Accidente (7)

Titulada también *Autorretrato*, esta turbadora obra *(derecha)* de Alfonso Ponce de León (1906-1936) presagia su trágica ejecución durante la Guerra Civil. El cuadro, que muestra a un hombre despedido violentamente de su vehículo, mezcla elementos realistas con la ausencia de perspectiva, colores planos y una luz irreal que acusan el influjo del surrealismo y el realismo mágico.

(8) Retrato II

Joan Miró (1893-1983) experimentó con el cubismo y el surrealismo pero nunca perdió su extraordinaria originalidad. En este cuadro de 1938 *(derecha)*, el pintor muestra su interés por la yuxtaposición de colores y las figuras geométricas que caracterizan su obra.

(9) Superposición de materia gris

Antoni Tàpies (1923-2012) explora las texturas: superpone capas de diversos materiales, como arena, mármol en polvo y pintura, sobre un lienzo previamente barnizado.

(10) La ventana abierta

Juan Gris (1887-1927) fue uno de los principales cubistas. Esta obra de 1921 es un buen ejemplo.

INFORMACIÓN ÚTIL

PLANO F6 ■ Calle Santa Isabel 52 ■ 91 774 10 00 ■ www.museoreinasofia.es

■ **Horario** 10.00-21.00 mi-lu; cerrado ma, 1 y 6 ene, 1 y 15 may, 9 nov, 24-25 y 31 dic

Entrada 12 € (gratis 19.00-21.00 lu-sá, 12.30-14.30 do)

■ El café-restaurante NuBel, en la planta baja del edificio Nouvel, tiene un menú diario y se accede desde el museo o desde la calle Argumosa 43.

■ La tienda del museo vende joyas y cerámica de diseño español, libros, diapositivas y pósters.

Guía del museo

La entrada se encuentra en la plaza Juan Goytisolo. En las plantas primera, segunda y cuarta se muestra la colección permanente. Las exposiciones temporales se exhiben en las plantas primera y tercera. La colección permanente se encuentra en el edificio Nouvel. Las exposiciones están sujetas a cambios. El museo ha abierto un nuevo espacio expositivo en la planta baja, con obras desde la década de 1990 hasta la actualidad y una sección dedicada a la arquitectura.

Esculturas del Reina Sofía

1 Tetapop
Ángela García Codoñer (Valencia, 1944), se inspira en la estética del *pop art* y esta obra (1973) alude a la mirada feminista de la escultura española.

2 Araña
Louise Bourgeois (1911–2010) utilizó las arañas para una serie de dibujos y esculturas durante toda su variada trayectoria. Creó esta, expuesta por primera vez en 1994, para aludir con ambigüedad a la figura de la madre.

3 Niño enfermo
Medardo Rosso (1858–1928) anticipó algunos aspectos de la escultura moderna con este llamativo busto de un niño sufriendo (1895), que esperaba que reflejara los matices y la complejidad de su modelo.

4 Bailarina
Con esta escultura desbordante de energía (1989), el vanguardista español Alberto Sánchez empleó cemento y madera para canalizar el dinamismo de la bailarina.

5 Bicho (máquina)
La artista brasileña Lygia Clark (1920–1988) diseñó esta escultura geométrica de aluminio (1962) para que fuera móvil jugando con las ideas de permanencia construyendo una pieza que pudiera ser reelaborada infinitamente.

6 Marinero con guitarra
Nacido en Lituania, Jacques Lipchitz (1891–1973) cayó bajo el hechizo del cubismo durante su primera estancia en París en 1909. Esta obra (1917) es una de sus varias esculturas cubistas.

Plano
☐ 1.ª planta
☐ 2.ª planta
☐ 4.ª planta

Las esculturas del Reina Sofía

7 Suspensión vacía
Jorge de Oteiza (1908-2003), escultor vasco enormemente original, creó esta escultura de hierro forjado (1957) al mismo tiempo que se interesaba por la estatuaria megalítica americana.

8 Bañista
La obra del escultor Mateo Hernández (1884-1949) se basó en las tendencias del periodo de entreguerras: el *art déco* y la Nueva Objetividad. *Bañista* (1925), de mármol rosa, sigue el estilo griego clásico.

9 Mujer en el jardín
A finales de la década de 1920, Picasso comenzó a frecuentar el taller de Julio González en París y se inspiró para desarrollar sus propias técnicas de escultura en metal.

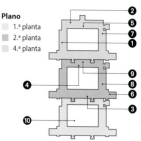

Bailarina, de Sánchez

Mujer en el jardín (1930-1932) destaca por sus elementos surrealistas.

10 Toki-Egin (Homenaje a san Juan de la Cruz)
Eduardo Chillida (1924-2002) es uno de los escultores más relevantes. Esta enorme obra de hierro (1989-1990) pesa 9.000 kilos, fue instalada en el jardín con una grúa.

EL *GUERNICA* DE PABLO PICASSO

La localidad de Guernica, despúes del bombardeo de alemanes e italianos en 1937

**TOP 10
ELEMENTOS
DEL *GUERNICA***

1 Toro
2 Caballo herido
3 Madre desconsolada
4 Niño muerto
5 Soldado muerto
6 Vela
7 Bombilla
8 Daga rota
9 Ventana
10 Ojos

En la sala 206 del museo se expone su obra más valiosa y famosa. El *Guernica* fue encargado como propaganda por la II República antes de que se produjera el triste acontecimiento que recoge. En abril de 1937, en plena Guerra Civil, los bombarderos alemanes devastaron el pueblo vasco de Guernica (Gernika) en apoyo a las fuerzas nacionales de Franco. El ataque aéreo sin precedentes contra una población civil indefensa causó la indignación internacional. Picasso terminó su inmenso lienzo en solo dos meses y fue expuesto por primera vez en la Exposición Universal de París. Desde entonces, el significado y el contenido del *Guernica* han sido minuciosamente analizados, para irritación del artista. Picasso decidió no pintar el bombardeo –por ejemplo, no hay aviones–, pero, para censurar el sinsentido y la barbarie de la guerra, concibió el cuadro en términos de su lenguaje de símbolos personal. Los bocetos (algunos expuestos en las salas adyacentes) ayudan a comprender el cuadro. Picasso barajó ocho versiones diferentes antes de llegar a la definitiva.

El simbolismo del *Guernica* (los cuerpos desmembrados, los ojos llenos de espanto, los caballos encabritados presa del dolor, los brazos extendidos en desesperación, acompañados por el aspecto desolado que proporciona la mezcla de blancos y negros) ofrece la visión sobre la guerra del artista.

⑩⭐ Parque del Retiro

El Retiro es el pulmón verde más céntrico de la ciudad. La aristocracia pudo acceder a estos antiguos terrenos reales en 1767, pero tuvo que pasar otro siglo antes de que sus puertas se abrieran al público en general. Los visitantes pueden disfrutar de sus elementos decorativos –estatuas y arreglos escultóricos, caprichos, un jardín francés y su estanque con barcas– y de las numerosas atracciones. Los niños se decantan por el teatro de títeres, mientras que los adultos disfrutan de los conciertos en el quiosco de música. El domingo el Retiro llega a su máximo esplendor, es el mejor día para disfrutar de él.

Estanque ①

Este lago *(derecha)* es uno de los espacios más antiguos del parque (1631). En la época de Felipe IV, era el escenario de batallas navales simuladas. En el embarcadero se pueden alquilar barcas de remos. Cuando se limpia, sus más de 6.000 peces deben encontrar un hogar temporal.

② Puerta de la Independencia

Esta puerta *(abajo)* no se concibió para el Retiro. Fue diseñada por Antonio López Aguado para un palacio construido por Fernando VII para su segunda esposa, Isabel de Braganza. Es uno de los accesos principales entre las 18 puertas.

Monumento a Alfonso XII ③

Este inmenso monumento *(abajo)* fue concebido en 1898 como desafiante respuesta a la humillante derrota de España en Cuba, pero el proyecto no se culminó hasta 1922. La estatua ecuestre del rey es obra de Mariano Benlliure. El elemento más impresionante es la hermosa columnata de orden jónico que lo rodea, donde se dan cita los amantes del sol.

Plano del parque del Retiro

4 Palacio de Velázquez

La sala de exposiciones del Retiro es de Ricardo Velázquez Bosco. El friso de azulejos contrasta con el ribete de ladrillos rosa y amarillo *(arriba)*.

5 Paseo de las Estatuas

Este camino está jalonado por una hilera de estatuas barrocas que representan a reyes y reinas de España, a otros gobernantes españoles y al jefe azteca Moctezuma.

6 La rosaleda

La rosaleda *(arriba)* cuenta con más de 4.000 rosales de 100 variedades. La diseñó el jardinero jefe de la ciudad, Cecilio Rodríguez, en 1915, inspirándose en la Bagatelle del Bois de Boulogne de París.

INFORMACIÓN ÚTIL

PLANO G4 ■ Puerta de Alcalá
■ 91 530 00 41

Horario abr-sep: 6.00-24.00 todos los días; oct-mar 6.00-22.00 todos los días

····································

■ Hay quioscos con bebidas, helados y tentempiés en varios puntos del parque.

■ Entre mayo y junio se celebra la Feria del Libro, que se llena de visitantes.

---

7 Casita del Pescador

Este típico capricho del siglo XVIII se construyó en una reestructuración del parque que se llevó a cabo en la década de 1820. La noria, oculta tras una gruta y una colina artificial, forma una cascada.

8 Fuente de la Alcachofa

Esta fuente fue diseñada por Ventura Rodríguez y construida con granito de la sierra de Guadarrama. Cuatro querubines sostienen la alcachofa en la parte más alta.

9 *El ángel caído*

Se dice que esta cautivadora escultura *(derecha)*, obra de Ricardo Bellver, es el único monumento público del mundo dedicado al ángel caído (Lucifer). Fue erigida hacia el año 1878.

10 Palacio de Cristal

El palacio de Cristal *(ver p. 73)* fue construido como invernadero de plantas exóticas con motivo de una exposición en 1887.

EL CASÓN DEL BUEN RETIRO

El nombre completo del parque, parque del Buen Retiro, hace referencia a este palacio, mandado construir por Felipe IV entre 1630 y 1632 cerca del monasterio de los Jerónimos. Fue destruido por las tropas francesas durante la guerra de Independencia. Las únicas partes que quedaron en pie del casón –el salón de Baile y el salón de Reinos– han sido reutilizadas como anexos del Prado *(ver pp. 16-21)*.

🔟⭐ Museo Arqueológico Nacional

Este museo ocupa un impresionante edificio neoclásico situado en el elegante barrio de Salamanca y contiene más de 1.300.000 obras de arte y objetos milenarios procedentes de todos los rincones del planeta. Tras una costosa y profunda remodelación, el museo reabrió sus puertas en 2014 con más de 10.000 m² dedicados a exponer su deslumbrante colección. Entre sus principales atractivos se incluyen unas enigmáticas esculturas femeninas esculpidas por las tribus íberas hace más de 2.000 años, fantásticas piezas de orfebrería visigoda e incluso curiosos ejemplos de las primeras calculadoras.

Tesoro de Guarrazar ①

Esta magnífica colección de coronas y cruces visigodas del siglo VII se descubrió en un huerto de Guadamur a mediados del siglo XIX. Una de las piezas más hermosas es la corona de Recesvinto, realizada en oro y con zafiros azules incrustados *(derecha)*.

② Dama de Elche

Este busto femenino policromado *(izquierda)* fue esculpido por los íberos en el siglo IV a.C. La *Dama de Elche* es una pieza que destaca por la complejidad de los detalles, la magnífica calidad de la talla y la enigmática expresión del rostro.

③ Colección de monedas y medallas

La colección de monedas y medallas del museo es una de las mayores y mejores de Europa. Entre las monedas más antiguas se incluyen un trishekel cartaginés y un tetradracma de plata con el perfil de Ptolomeo IV grabado, ambos del siglo III a.C.

Bote de Zamora ④

Esta exquisita urna de marfil tallado *(derecha)* está considerada una de las mayores joyas del arte islámico. Fue encargada por Al-Hakam II, califa de Córdoba, para Subh, una esclava vasca que se convirtió en su favorita pero murió joven.

⑤ Dama de Baza

La *Dama de Baza*, del siglo IV a.C., es una extraordinaria escultura femenina íbera. Aparece sentada en un sillón alado *(izquierda)* y muestra la misma expresión inescrutable que su más famosa vecina de sala.

⑥ Estela de Solana de Cabañas

Esta pieza de la Edad de Bronce, con el grabado de una figura heroica rodeada de carros y armas *(derecha)*, data del 1000-800 a.C. Fue descubierta en Cáceres y se cree que es una estela funeraria.

⑦ Puteal de la Moncloa

Este brocal de pozo romano está decorado con relieves que representan mitos griegos, como el nacimiento de Atenea en el Olimpo. Fue adquirido por Felipe V en el siglo XVIII.

⑧ Orante sumerio

Esta elegante figura orante, adquirida para la colección del museo en 2007, fue tallada en torno al 2500 a.C. en Mesopotamia (actual Irak). Las figuras votivas sumerias, como esta, se destinaban a los templos.

⑨ Sarcófago de Husillos

El museo posee una amplia colección de arte romano. Este sarcófago decorado *(abajo)*, labrado en Roma y trasladado a Hispania para un rico mecenas, representa la historia de Orestes, protagonista de varias tragedias griegas.

⑩ Ábaco neperiano

Este estuche con varillas y fichas de bronce y marfil *(izquierda)* es una curiosa calculadora del siglo XVII. Fue inventada por John Napier, natural de Edimburgo, y se conoce también como *huesos de Napier*.

INFORMACIÓN ÚTIL

PLANO X9 ■ Calle Serrano, 13 ■ 91 577 79 12 ■ www.man.mcu.es

Horario 9.30-20.00 ma-sá, 9.30-15.00 do y festivos; cerrado 1 y 6 ene, 1 may, 9 nov y 24, 25 y 31 dic

Entrada 3 € (gratis 14.00-20.00 sá, 9.30-15.00 do)

....

■ Tienda; café con terraza.

■ Se puede descargar una aplicación gratuita con una guía interactiva (también disponible para visitantes ciegos y sordos); hay que buscarla como MAN Museo Arqueológico Nacional.

....

Guía del museo
La entrada principal se halla en la calle Serrano. La colección está distribuida cronológicamente: las salas sobre prehistoria en la planta baja, sobre Hispania romana, Antigüedad tardía, Al-Ándalus medieval y protohistoria en la primera planta, y sobre el mundo medieval y la Edad Moderna en la segunda planta. Las monedas y medallas ocupan la entreplanta, entre los pisos primero y segundo. La Dama de Elche está en la sala 13.

TOP 10 ⭐ El Escorial

El Real Monasterio de San Lorenzo de El Escorial, monumento Patrimonio de la Humanidad, disfruta de una ubicación majestuosa en las estribaciones sur de la sierra de Guadarrama. Fue encargado por el rey Felipe II como panteón para su padre, Carlos I. Su nombre conmemora la victoria de San Quintín sobre los franceses el día de san Lorenzo de 1557. El edificio, cuyo proyecto es obra de Juan de Herrera y Juan Bautista de Toledo, se comenzó en 1563 y, desde el principio, el rey mostró un gran interés por todos los detalles, desde la elección del emplazamiento hasta los aspectos más nimios. El complejo quedó terminado en 1584: constaba de basílica, palacio real, monasterio, seminario y biblioteca. Declarado Patrimonio de la Humanidad por la Unesco.

1 Basílica
La basílica *(abajo)* tiene planta de cruz griega y las cúpulas están decoradas con exquisitos frescos de Luca Giordano.

Monasterio de El Escorial y detrás la sierra de Guadarram

3 Panteón de los Reyes
La construcción de este impresionante panteón abovedado, situado bajo el altar mayor de la basílica, se finalizó en 1654. Giovanni Battista Crescenzi recubrió los muros con mármol, bronce y jaspe.

4 Biblioteca
Su salón de Impresos *(abajo)* culmina en una bóveda de cañón decorada con frescos pintados por artistas italianos. Las estanterías contienen 4.000 manuscritos y 40.000 libros colocados con el lomo hacia dentro para que se aireen.

2 Casa del Rey
Los aposentos de Felipe II son sorprendentemente modestos: tres habitaciones con muebles sencillos, paredes encaladas y suelos de terracota. La silla de manos expuesta fue la que se empleó para transportar hasta aquí al rey, aquejado de gota, en su último viaje en 1598.

PROYECTO DEL REY

Antes de que el arquitecto Juan Bautista de Toledo emprendiera el diseño de El Escorial, el rey le dio instrucciones precisas. Debía perseguir la "simplicidad en la construcción, la severidad en el conjunto, la nobleza sin arrogancia, la majestuosidad sin ostentación". Se pretendía que el diseño se asemejase a la parrilla en la que san Lorenzo fue quemado vivo.

 Escalera principal

En la bóveda de esta magnífica escalera se puede admirar *La gloria de la monarquía española (arriba)*, un fresco de Luca Giordano.

7 Galería del Paseo

A Felipe II le gustaba dar paseos a cubierto en esta espaciosa galería. El meridiano del suelo se añadió en el siglo XVIII.

8 Patio de los Reyes

Este patio *(abajo)* ofrece la mejor vista de la fachada de la basílica, sus campanarios gemelos y la imponente cúpula. Destacan las enormes estatuas de reyes del Antiguo Testamento.

 Sala de Batallas

Esta galería, está decorada con magníficos frescos de artistas italianos del siglo XVI. Recoge algunas de las batallas ganadas por el ejército español.

9 Salas capitulares

Los techos abovedados fueron decorados en el siglo XVII por los artistas italianos Fabrizio Castello y Nicolás Granelo. De las paredes cuelgan lienzos de incalculable valor de Tiziano, Tintoretto, Veronés, Velázquez y El Greco.

10 Museo de la Arquitectura

Esta pequeña exposición de planos, maquetas a escala y herramientas muestra cómo se construyó El Escorial. Se incluyen las grúas de madera con las que se elevaron los bloques de granito.

INFORMACIÓN ÚTIL

PLANO A1 ■ Calle de Juan de Borbón y Battenberg ■ 91 890 59 04 ■ www.patrimonio nacional.es

Horario Real Monasterio y Palacio: abr-sep: 10.00-19.00 ma-do (oct-mar: hasta 18.00); jardines: abr-sep: 10.00-20.00 todos los días; cerrado: 1 y 6 ene, 1 may, 11 sep, 24, 25 y 31 dic

Entrada 12 €, 6 € (descuento), 4 € + precio de la entrada (visita guiada); gratis 15.00-cierre mi-do, 18 may y 12 oct

■ Los aposentos de los Borbones, la Casa del Príncipe Don Carlos y la del Infante Don Gabriel solo pueden recorrerse con la visita guiada.

■ Tren C-8 desde la estación de Atocha hasta El Escorial y autobús desde la estación; autobuses 664 y 661 desde Moncloa hasta San Lorenzo de El Escorial.

■ En invierno puede hacer mucho frío en el interior del monasterio, por lo que conviene abrigarse.

Otros tesoros de El Escorial

 Cenotafios
Estas maravillosas esculturas de bronce colocadas a ambos lados del altar mayor las realizaron los italianos Leone y Pompeo Leoni, padre e hijo. A la izquierda se sitúa Carlos I (emperador Carlos V) junto a su esposa, su hija y sus hermanas; frente a él se encuentra Felipe II con tres de sus esposas y su hijo, don Carlos.

 Lecho de muerte del rey
Fue en esta sencilla cama con dosel donde murió Felipe II el 13 de septiembre de 1598; se cuenta que "los niños del seminario estaban cantando la misa del alba". La colocación de la cama permitía al rey ver con facilidad el altar mayor de la basílica a un lado y la sierra de Guadarrama al otro.

 El martirio de san Mauricio y la legión tebana
Esta pintura manierista de El Greco (1541-1614) fue concebida para colgarse en un altar de la basílica, pero Felipe II la encontró falta de devoción y la relegó a la sacristía. El Greco no volvió a recibir un encargo real.

 Felipe II
En este majestuoso cuadro pintado por el holandés Antonio Moro, el rey, a la edad de 37 años, viste la armadura que utilizó en la batalla de San Quintín, en 1557. Sería la única victoria de Felipe II en el campo de batalla.

5 *Cristo crucificado*
El maestro florentino Benvenuto Cellini esculpió esta

El Calvario, de Rogier van der Weyden

imagen de Cristo de un bloque macizo de mármol de Carrara. Francisco de Médici, gran duque de Toscana, se lo regaló a Felipe II en 1562.

6 *El Calvario*
Este cuadro lo pintó el flamenco del siglo XV Rogier van der Weyden. Felipe II conocía bien los Países Bajos y era un ávido coleccionista de arte flamenco.

 La Última Cena
El artista veneciano Tiziano realizó numerosos encargos para El Escorial. Este lienzo era demasiado grande para el espacio asignado en el refectorio de los monjes y se cortó, literalmente, para que cupiera.

8 **Puertas de marquetería**
Destacan en los aposentos del rey el conjunto de cinco puertas con finos trabajos en marquetería, fabricadas por artesanos alemanes en el siglo XVI. El emperador Maximiliano II se las regaló a Felipe II.

9 **Tesoros del rey**
La alacena de la cámara del rey contiene más de una docena de objetos de arte de valor incalculable. Sobresalen una arqueta del siglo XII hecha en Limoges y un portapaz del siglo XVI, realizado por el artesano español Luis del Castillo.

 Órgano del cuarto de la reina
En los pasillos de El Escorial se escuchaba canto gregoriano, pero el órgano también contaba con la aprobación real. Este realejo data del siglo XVI y está decorado con el escudo de armas de Felipe II.

EL REY FELIPE II

Felipe II

En 1556, cuando Felipe II recibió de su padre Carlos I la Corona, heredó no solo los reinos españoles de Castilla y Aragón, Nápoles, Sicilia, Milán y los Países Bajos, sino también los territorios del Nuevo Mundo. Defender este remoto imperio acarreó continuas guerras. A pesar de la incalculable entrada de oro y plata desde América, el saqueo de las arcas reales provocó un impopular aumento de los impuestos en el país y condujo finalmente a la bancarrota. Los enemigos de Felipe, los protestantes holandeses, sus aliados ingleses y los hugonotes franceses, se propusieron manchar su reputación, presentándole como un tirano frío y sanguinario. Los historiadores actuales nos ofrecen un retrato más objetivo y lo descubren como un gobernante preocupado, aunque bastante distante, y un modélico hombre de familia, con un sentido del humor irónico. En cierta ocasión, sobresaltó a los monjes de El Escorial dejando que un elefante indio vagara por los claustros.

**TOP 10
EL ESCORIAL
EN CIFRAS**

1 2.673 ventanas
2 1.200 puertas
3 300 celdas monacales
4 88 fuentes
5 86 escaleras
6 73 estatuas
7 42 capillas (basílicas)
8 16 patios
9 14 entradas
10 500.000 visitantes al año

**Hermosa ilustración
del monasterio de
El Escorial
del siglo XVI.
Biblioteca Nacional**

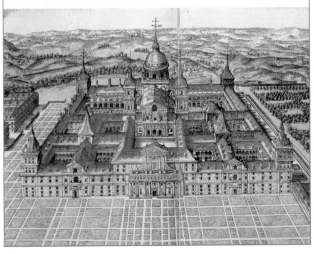

Lo mejor
de Madrid

Típicos azulejos de cerámica
vidriada

Hitos históricos	**46**	Centros de cultura	**62**
Museos	**48**	Bares	**64**
Lugares de interés arquitectónico	**50**	Bares de tapas	**66**
Parques y jardines	**52**	Restaurantes	**68**
Deportes y toros	**56**	Tiendas típicas españolas	**70**
Rutas menos frecuentadas	**58**	Madrid gratis	**72**
Madrid para niños	**60**	Fiestas y acontecimientos	**74**

TOP 10 Hitos históricos

Auto de fe en la plaza Mayor de Madrid (1680), de Francisco Rizi, Museo del Prado

1 Nacimiento de la ciudad

Los primeros habitantes de Madrid fueron soldados musulmanes a las órdenes de Mohamed I. La fundación de la ciudad se data en el 852 d.C., cuando se construyó un alcázar en el alto que hoy ocupa el Palacio Real *(ver pp. 12-15)*. Aparte de un pequeño fragmento de la muralla árabe *(ver p. 112)*, se conservan pocos restos de este primer asentamiento.

2 La conquista cristiana

Mohamed I construyó su fortaleza para impedir los ataques de los ejércitos cristianos del norte y para proteger la ciudad de Toledo. En 1083 Toledo cayó y el Alcázar de Madrid se rindió sin luchar. Los nuevos habitantes cristianos vivieron en armonía con sus vecinos árabes (aunque las mezquitas se transformaron en iglesias).

3 Nueva capital

En 1561 Felipe II decidió convertir Madrid en su nueva capital, tomando el relevo de Valladolid. Su ubicación céntrica y su proximidad a otras residencias reales fueron factores determinantes.

Felipe II

Madrid era todavía una pequeña ciudad con 9.000 habitantes. Una de las primeras medidas que tomó el rey fue transformar el viejo mercado situado fuera de las murallas en una plaza pública, la actual plaza Mayor *(ver pp. 22-23)*.

4 El Siglo de Oro

En la época en la que se finalizó la plaza Mayor (1619), la población madrileña había alcanzado alrededor de 85.000 habitantes. Cortesanos, nobles, clérigos y criminales invadían la ciudad, provocando tal congestión que Felipe IV ordenó erigir una nueva muralla. Madrid proporcionó un rico material a los dramaturgos del Siglo de Oro, como Lope de Vega y Tirso de Molina.

5 El rey-alcalde

Madrid prosperó durante el reinado de Carlos III (1759-1788). Dotó a la ciudad de magníficas puertas como la de Alcalá *(ver p. 82)* e imponentes avenidas como el paseo del Prado *(ver pp. 78-83)*. Se pavimentaron e iluminaron las calles, se abrieron alcantarillas y los serenos comenzaron a vigilar en la noche.

6 Insurrección

El 2 de mayo de 1808, dos meses después de que el ejército francés ocupara la ciudad, el pueblo de Madrid se sublevó. En las calles se produjeron violentas batallas, las tropas del parque de artillería de Monteleón se amotinaron en apoyo a los rebeldes. En unas pocas horas, la insurrección fue aplastada y sus líderes, fusilados.

7 El despertar

En 1919 Alfonso XIII inauguró la primera línea de metro de Madrid y, después de décadas de apatía, la ciudad volvió a ponerse en movimiento. Se demolieron calles para dejar espacio a la Gran Vía y la calle de Alcalá se convirtió en el corazón de un nuevo barrio financiero.

8 Madrid sitiada

A los cuatro meses del estallido de la Guerra Civil, en noviembre de 1936, el ejército del general Franco cercó Madrid. La resistencia republicana fue heroica: el sitio se prolongó durante dos años y medio. En marzo de 1939, la ciudad cayó ante los rebeldes.

9 Muerte de Franco

Tras gobernar España durante 36 años, el dictador general Franco murió en noviembre de 1975, dejando el poder en manos de su sucesor designado, el príncipe Juan Carlos. Las primeras elecciones democráticas se celebraron en junio de 1977.

Francisco Franco

10 Golpe de Estado de Tejero

El 23 de febrero de 1981, algunos mandos militares, cuya cabeza visible fue el coronel Antonio Tejero, intentaron dar un golpe de Estado. Tejero entró a la fuerza en el Congreso de los Diputados. El golpe fracasó cuando el rey confirmó la lealtad del ejército.

TOP 10: PERSONAJES DE LA HISTORIA DE MADRID

1 Al-Mundhir
Según algunos historiadores, el hijo de Mohamed I fue el verdadero fundador de la ciudad.

2 Isidro Merlo y Quintana
A este agricultor se le atribuyen milagros después de su muerte en 1172. Es el patrón de la ciudad.

3 Felipe II
Cuando el rey estaba en Madrid, se alojaba en el alcázar o con los monjes del monasterio de San Jerónimo.

4 Félix Lope de Vega
Se le prohibió la entrada a Madrid durante ocho años por calumniar al padre de su antigua amante.

5 Carlos III
El "mejor alcalde" de Madrid no pasó mucho tiempo en la ciudad en sus primeros años de reinado, pero el efecto de su gobierno es innegable.

6 Manuela Malasaña
Esta heroína murió luchando contra las tropas de José Bonaparte durante la insurrección de mayo de 1808.

7 José Bonaparte
Odiado durante el breve periodo en que fue rey de España (1808-1813), proyectó la plaza de Oriente (ver p. 103).

8 Gustavo Durán
Uno de los comandantes más valientes en la defensa de Madrid durante la Guerra Civil.

9 Clara Campoamor
La primera mujer que defendió el sufragio femenino en España, logrado en 1931.

10 Enrique Tierno Galván
El alcalde más popular de Madrid gobernó la ciudad desde 1979 hasta su fallecimiento en 1986.

Enrique Tierno Galván

⓾ Museos

Salón Chaflán, bellamente ornamentado, en el Museo Cerralbo

① Museo Cerralbo

Esta colección del siglo XVII de asombrosa diversidad –cuadros, esculturas, tapices, cristalerías, porcelana y mucho más– era originalmente propiedad del marqués de Cerralbo. Las 30.000 piezas del museo se exponen en su palacio; las salas ofrecen una fascinante ventana hacia la vida aristocrática española de principios del siglo XX (ver p. 101).

② Museo Nacional del Prado

Esta famosa pinacoteca se ubica en la obra maestra neoclásica de Juan de Villanueva, un monumento artístico con derecho propio. El relieve situado sobre la puerta de Velázquez representa a Fernando VII como guardián de las artes y las ciencias –el Prado se convirtió en galería de arte durante su reinado–. Como es lógico, su mejor colección es la que reúne las obras españolas, en especial las de de Goya (ver pp. 16-21).

③ Museo Nacional Thyssen-Bornemisza

Esta increíble colección está ubicada en el palacio de Villahermosa, remodelado en la década de 1990 y con una ampliación que se añadió en 2005. La baronesa Thyssen-Bornemisza eligió el color salmón del interior. El museo expone arte internacional del siglo XIV en adelante (ver pp. 28-31).

④ Museo Nacional Centro de Arte Reina Sofía

Fue diseñado como hospital por Francisco Sabatini en 1756. La transformación en museo se completó en 1990. Los ascensores de cristal aportan un toque moderno (ver pp. 32-35).

⑤ Museo de América

Incensario de oro, Museo de América

Aunque los legendarios tesoros embarcados hacia España por Colón, Cortés y Pizarro se expusieron en 1519, la mayoría de estos preciosos objetos desapareció o fue fundida. Gran parte de estas exposiciones etnológicas y etnográficas tienen su origen en el Real Gabinete de Historia Natural de Carlos III, fundado en el siglo XVIII. Actualmente las muestras del museo están dedicadas a todo el continente americano (ver p.101).

⑥ Museo Arqueológico Nacional

Este museo, fundado por la reina Isabel II en 1867, contiene tesoros de la mayoría de las civilizaciones antiguas del mundo, con especial atención a la península Ibérica. Entre las piezas destaca la *Dama de Elche,* un busto femenino de los siglos V-IV a.C. *(ver pp. 38-39)*.

⑦ Real Academia de Bellas Artes de San Fernando

Fue fundada por Fernando VI en 1752 y se trasladó al palacio de Goyeneche 25 años más tarde. Entre sus obras, destacan trabajos de pintores españoles como El Greco, Velázquez, Murillo, Zurbarán y Goya, así como una selección de obras maestras europeas *(ver p. 94)*.

⑧ Casa-Museo de Lope de Vega

El mejor dramaturgo español *(ver p. 47)* vivió en esta casa entre 1610 y 1635. Hoy es un museo, cuyas salas se han amueblado al estilo de la época, basándose en un inventario hecho por el propio escritor *(ver p. 108)*.

⑨ Museo Sorolla

La casa del pintor valenciano Joaquín Sorolla (1863-1923) es hoy un museo *(ver p. 87)*. Sorolla consiguió el reconocimiento internacional tras participar en la Exposición Universal de París de 1901. Sus lienzos son evocaciones de la vida española. Una de sus obras más valoradas retrata a su mujer y a su hija en la playa de Valencia.

Paseo a orillas del mar, de Sorolla, en el Museo Sorolla

⑩ Museo Nacional de Artes Decorativas

Uno de los numerosos atractivos del Museo de Artes Decorativas es que presenta las artes españolas dentro de un contexto europeo. Destacan el dormitorio gótico, los tapices flamencos y una colección de abanicos del siglo XIX *(ver p. 81)*.

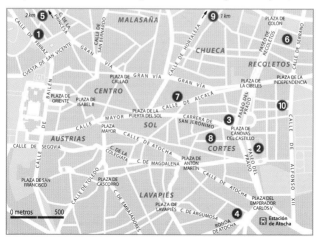

🔟 Lugares de interés arquitectónico

Techo barroco del Palacio Real

1 Palacio Real

El impresionante Palacio Real marcó una ruptura decisiva con el gusto austero de los monarcas Habsburgo. Felipe V creció en Versalles, donde predominaba el estilo barroco. El arquitecto Filippo Juvara murió a los dos años de comenzar el proyecto, pero su sucesor, Giovanni Battista Sacchetti, mantuvo el espíritu barroco (ver pp. 12-15).

2 Plaza Mayor

Esta plaza está inspirada en el patio de El Escorial (ver pp. 40-43). Fue Juan Gómez de Mora quien, en 1619, llevó a cabo el diseño del arquitecto Juan de Herrera, 30 años después (ver pp. 22-23).

3 Palacio de Cibeles
PLANO F4 ■ **Plaza Cibeles 1**

Este edificio es la sede del Ayuntamiento de Madrid desde 2007. Fue el primer encargo importante del arquitecto gallego Antonio Palacios y su colega Joaquín Otamendi. El estilo ecléctico de este palacio (1907-1919) muestra influencias que van del gótico español al modernismo. La característica más impactante del interior es la bóveda acristalada.

4 Palacio Longoria

El estilo modernista también está presente en Madrid, como es el caso de este magnífico ejemplo de 1902, obra del arquitecto catalán José Grases i Riera. De su diseño destacan los detalles escultóricos de flores, las sensuales curvas y la balaustrada, características propias del modernismo (ver p. 120).

5 Círculo de Bellas Artes

El Círculo de Bellas Artes, de naturaleza ecléctico historicista, data de la década de 1920 y es una obra maestra de Antonio Palacios. El edificio está coronado por una estatua (ver p. 59) que representa a la diosa Minerva, mecenas de las artes. Pagando la cuota de socio por un día se puede acceder a su hermoso interior, con la escalera, el teatro, el salón de Baile y el salón de Fiestas, con su techo pintado (ver p. 94).

6 Edificio Metrópolis

El edificio Metrópolis, uno de los más característicos de Madrid, fue diseñado en 1905 por los arquitectos franceses Jules y Raymond Février. Lo más destacado de esta hermosa construcción neobarroca son las guirnaldas de bronce que engalanan la cúpula (ver p. 94).

El impresionante edificio Metrópolis

⑦ Parroquia de San Jerónimo el Real

Aunque ha cambiado mucho a lo largo de los años, esta iglesia del siglo XVI es un importante monumento arquitectónico *(ver p. 82)*. También ha sido un lugar estrechamente vinculado a la monarquía. Aquí se celebró, en 1975, la ceremonia de coronación de don Juan Carlos tras la muerte de Franco.

⑧ Puerta de Europa
Plaza de Castilla ■ Metro Plaza de Castilla

La Puerta de Europa es una versión moderna de un arco de triunfo. Las torres inclinadas de cristal y metal tienen 26 plantas y se finalizaron en 1996.

La imponente Puerta de Europa

⑨ Residencia de Estudiantes
Pabellón Transatlántico, Calle del Pinar 21 ■ Metro Pinar del Rey ■ Visitas guiadas: 11.00-20.00 lu-sá (11.00-15.00 do); correo electrónico para reservas: visita@residencia.csic.es

Entre los primeros alumnos de esta residencia liberal fundada en 1910 se encontraban Salvador Dalí y Federico García Lorca. El edificio principal, diseñado por Antonio Flórez, fue apodado El Transatlántico por los estudiantes y hoy todavía se le llama así.

⑩ Torre de Cristal
Paseo de la Castellana 259 ■ Metro Begoña ■ Cerrado al público

Es el rascacielos más alto de España con 249 m. Fue diseñada por el argentino César Pelli, autor del Broollfield Place de Nueva York. En las últimas plantas hay un jardín vertical, obra del botánico francés Patrick Blanc.

TOP 10: LUGARES DONDE VER AZULEJOS

Entrada de Fatigas del Querer

1 Fatigas del Querer
El interior de esta taberna de la década de 1920 está decorado con murales y azulejos andaluces *(ver. p. 98)*.

2 Taberna la Dolores
PLANO E5 ■ Plaza Jesús 4
La fachada de esta taberna de 1908 está decorada con azulejos.

3 Viva Madrid, taberna inusual
Azulejos dentro y fuera; no hay que perderse la fuente de la Cibeles de la fachada *(ver p. 115)*.

4 Tablao Flamenco 1911
La fantástica decoración de cerámica data de la época en la que este restaurante e convirtió un local de flamenco *(ver p. 115)*.

5 El Doble
PLANO R2 ■ Calle de Ponzano 58
Revestida de azulejos por dentro y por fuera, es una de las mejores cervecerías de Madrid para tomarse una caña de barril.

6 Taberna Ángel Sierra
Increíble fachada e interior de azulejos de principios del siglo XX *(ver p. 125)*.

7 Taberna Almendro 13
Típica taberna de tapas con decoración andaluza *(ver p. 116)*.

8 La Fontana de Oro
PLANO P4 ■ Calle de la Victoria 1
Un histórico café reconvertido en *pub* irlandés.

9 Taberna Tirso de Molina
PLANO N6 ■ Plaza de Tirso de Molina 9
La fachada de modernos azulejos reproduce escenas de cuadros de el artista francés Toulouse-Lautrec.

10 Taberna de la Daniela
Esta clásica taberna está cubierta con motivos de cerámica *(ver p. 90)*.

🔟 Parques y jardines

Palacio de Cristal, espacio de exposiciones del parque del Retiro

① Parque del Retiro

En 1767 Carlos III rompió con la tradición y permitió al público en general entrar al Retiro, siempre y cuando los visitantes fueran "limpios y adecuadamente vestidos". Sin embargo, hasta la década de 1860, con la llegada de la I República, no se derribaron los muros que separaban el recinto real de la zona pública *(ver pp. 36-37)*.

② Real Jardín Botánico

Este jardín es el lugar perfecto para recuperar energía después de una agotadora visita al Museo del Prado. Los caminos están flanqueados con estatuas y las fuentes amenizan el paseo con sus borboteos *(ver pp. 80-81)*.

③ Jardines del Campo del Moro

PLANO A4 ■ Horario: abr-sep: 10.00-20.00 todos los días; oct-mar: 10.00-18.00 todos los días ■ Cerrado para algunas ceremonias oficiales; consultar la página web antes de la visita

Sorprendentemente, los jardines que rodean el Palacio Real no se diseñaron hasta el siglo XIX. Su nombre, Campo del Moro, hace referencia a Ali Ben Yusuf, el general árabe que, según se cuenta, acampó aquí para sitiar sin éxito la ciudad que ya había quedado en manos de los cristianos en 1109. Las vistas que ofrece en un día despejado del palacio a un lado y de la Casa de Campo al otro son magníficas. Estos bonitos jardines cuentan con unas 70 variedades de árboles.

Fuente de los jardines del Campo del Moro

④ Parque del Oeste

PLANO B2 ■ Paseo Moret ■ Cerrado al tráfico en fines de semana

Este bonito parque *(ver p. 61)* fue diseñado a principios del siglo XX por Cecilio Rodríguez, jardinero mayor del Retiro. Además de la rosaleda, su principal atractivo es el templo de Debod, una antigua construcción que data del siglo II a.C. Fue un regalo del Gobierno egipcio. Los cafés abundan en el paseo del Pintor Rosales, una de las dos terminales del teleférico.

5 Casa de Campo
Paseo Puerta del Ángel 1 (solo bicis) ■ **Metro Lago o Casa de Campo**

El mayor espacio verde de la ciudad *(ver p. 60)* y el coto de caza favorito de Felipe II se abrió al público con la caída de la monarquía en 1931. Está sembrado de pinos, robles, álamos y otros árboles y también dispone de amplias zonas de espacio abierto. Sus servicios incluyen cafés, merenderos, restaurantes, un lago para remar, el zoo y el Parque de Atracciones.

6 Parque Juan Carlos I
Avenida de Logroño, 26 ■ **Metro Feria de Madrid** ■ **Horario: jun-sep: 7.00-13.00 diario; oct-may: 7.00-23.00 do-ju, 7.00-24.00 vi-sá**

Este moderno parque *(ver p. 73)* se encuentra, junto al Recinto Ferial Juan Carlos I, en el Campo de las Naciones. En el río se puede navegar en catamarán. El parque también cuenta con magníficas esculturas modernas y un tren que recorre el parque cada media hora.

7 Jardines de Sabatini
PLANO J2 ■ **Horario: may-sep: 9.00-22.00 todos los días; oct-abr 9.00-21.00 todos los días**

Estos jardines junto al Palacio Real ocupan el espacio de los establos reales. El diseño, realizado en la década de 1930, se basó en planos originales del siglo XVIII. Es un lugar ideal para un pícnic y para ver el atardecer.

8 Parque de Berlín
Avenida de Ramón y Cajal 2 ■ **Metro Concha Espina**

Colocados en el centro de una fuente, al final de este pequeño parque de barrio, cercano al Auditorio Nacional de Música *(ver p. 63)*, hay tres fragmentos del Muro de Berlín con pintadas originales. Alrededor hay zonas de juego para los niños, bancos y fuentes.

9 Invernadero de Atocha
PLANO F6 ■ **Plaza del Emperador Carlos V s/n** ■ **Abierto todos los días**

El espacio bajo la bóveda de hierro y cristal de esta céntrica estación de tren está ocupado por un bello jardín botánico en miniatura, lleno de palmeras y plantas tropicales *(ver p. 59)*.

10 Parque El Capricho
Paseo de la Alameda de Osuna 25 ■ **Metro El Capricho** ■ **Horario: 9.00-18.30 sá, do y festivos (hasta 21.00 abr-sep)** ■ **Cerrado 1 ene, 25 dic** ■ **www. reservaspatrimonio.es**

Estos jardines del siglo XVIII pertenecían al palacio de los duques de Osuna y fueron diseñados por Jean Baptiste Mulot, jardinero de Versalles. Han sido restaurados para devolverles su antiguo esplendor. Se puede visitar un búnker de la Guerra Civil con reserva previa.

Templo de Baco, parque del Capricho

Páginas siguientes *Jardín tropical en el invernadero (siglo XIX) de Atocha*

🔟 **Deportes y toros**

Impresionante fachada del Estadio Santiago Bernabéu

① Estadio Santiago Bernabéu

Avenida de Concha Espina 1 ■ **Metro Santiago Bernabéu** ■ **Visita al estadio: todos los días excepto 1 ene y 25 dic** ■ **Se cobra entrada (gratis menores de 4 años)** ■ **www.realmadrid.com/estadio-santiago-bernabeu**

El estadio lleva el nombre del presidente y jugador Santiago Bernabéu, quien supervisó su construcción. El club, que ha ganado más de 90 trofeos nacionales e internacionales desde su creación en 1902, fue nombrado por la FIFA mejor club del siglo XX. El recorrido permite ver de cerca los trofeos e incluye una vista panorámica del estadio, con 81.044 asientos; una visita a los vestuarios y al terreno de juego y un viaje virtual en el autobús del Real Madrid.

② Wanda Metropolitano

Avenida de Luis Aragonés 4 ■ **Metro Estadio Metropolitano** ■ **Visitas guiadas: consultar la web** ■ **Se cobra entrada** ■ **www.atleticodemadrid.com/wandametropolitano**

El Atlético de Madrid juega en un estadio con 68.000 localidades en San Blas. Durante la mayor parte de su historia este equipo ha vivido a la sombra del Real Madrid, pero todo esto se olvida cuando los dos se enfrentan en un derbi. La mejor temporada del equipo fue la de 1996, cuando ganó la liga y la Copa del Rey. El rey Felipe VI ha sido su presidente de honor desde 2003. En 2017 el club se mudó aquí desde su anterior estadio, el Vicente Calderón.

③ WiZink Center

Avenida Felipe II ■ **Metro Goya, O'Donnell o Príncipe de Vergara** ■ **www.wizinkcenter.es**

Inaugurado en febrero de 2005 y ubicado en el solar de un antiguo centro que se incendió en el año 2001. El nuevo edificio tiene un aforo de 18.000 espectadores y ha sido diseñado para acoger diversos actos deportivos, de atletismo, baloncesto,

voleibol, tenis y boxeo. Asimismo se le ha dotado de las medidas acústicas y de seguridad necesarias para conciertos de pop y rock.

4 Las Ventas
Calle de Alcalá 237 ■ Metro Ventas ■ www.las-ventas.com
Aunque controvertidas, las corridas de toros han sido parte fundamental de la tradición española. En Madrid, la temporada va de marzo a diciembre y se celebra en la plaza de Las Ventas, que alberga también un museo sobre el significado histórico y cultural de la tauromaquia. Las visitas del museo y el coso se pueden realizar todo el año.

5 Espacios para correr
La mayor parte de los madrileños suelen ir a correr al parque del Retiro, la Casa de Campo, Madrid Río o al Paseo Pintor Rosales (con vistas al parque del Oeste) *(ver p. 52)*.

6 Piscinas
www.esmadrid.com/piscinas-de-verano-en-madrid
Las piscinas de verano de Madrid abren sus puertas a mediados de septiembre. Hay tres piscinas en la Casa de Campo (infantil, intermedia y olímpica), donde se permite el nudismo. Niños y adultos pueden también refrescarse en los chorros de la playa de Madrid Río.

7 Hipódromo de la Zarzuela
Avenida Padre Huidobro ■ Ctra. A-6, km 8 ■ 91 740 05 40 ■ Los horarios varían ■ Cerrado: ene y feb ■ Se cobra entrada (gratis menores 18 años en primavera y otoño; gratis menores 14 años en verano) ■ www.hipodromodelazarzuela.es
Las entradas para las carreras de caballos se pueden reservar con antelación por teléfono o en Internet, o comprarlas en el hipódromo los domingos de 11.30 a 15.00. La visita a las cuadras antes de las carreras facilita la elección del favorito.

8 Madrid Caja Mágica
Parque Lineal del Manzanares, Camino de Perales 23 ■ Metro San Fermín-Orcasur ■ Los horarios varían dependiendo de los eventos que se celebren
Este complejo de alta tecnología dedicado al tenis fue diseñado por el arquitecto Dominique Perrault. Cuenta con 11 pistas cubiertas y 16 descubiertas.

9 Circuito del Jarama
Circuito del Jarama, Ctra. A-1, km 28 ■ Autobús 166 desde Pza. de Castilla ■ www.jarama.org
Los amantes del automovilismo o el motociclismo tienen una cita en este circuito de 400 hectáreas, situado en San Sebastián de los Reyes, a 28 km al noreste de Madrid. Las carreras se celebran en verano, con toda una serie de actividades que van del karting a cursos de conducción. Imprescindible reservar.

Club de Campo Villa de Madrid

10 Club de Campo Villa de Madrid
Carretera de Castilla, km 2 ■ Autobús 160, 161 y A desde Moncloa ■ www.ccvm.es
El golf es hoy un gran negocio en España, gracias al interés generado por campeones como Severiano Ballesteros, José María Olazábal y Sergio García. A pesar de la aridez de Madrid, hay varios campos de 18 hoyos en la Comunidad. El Club de Campo fue diseñado por Javier Arana en 1957 y está considerado uno de los mejores de Europa.

🔟 Rutas menos frecuentadas

Parque Quinta de los Molinos

1 Parque Quinta de los Molinos

PLANO B1 ■ Calle de Alcalá 527 ■ Horario: 6.30-22.00 todos los días ■ Metro Suanzes

En primavera la floración de los almendros pinta de rosa y blanco este bonito parque de 1920.

2 Hammam Al Ándalus

PLANO N5 ■ Calle de Atocha 14 ■ 91 429 90 20 ■ Horario: 10.00-22.00 todos los días; cerrado 25 dic ■ Se cobra entrada ■ www.madrid.hammam alandalus.com

Para descansar de los museos y las caminatas por Madrid es perfecto este baño turco, con decoración de estilo árabe, baños de agua caliente y servicio de masajes.

3 Museo del Aire (Museo de Aeronáutica y Astronáutica de España)

PLANO A2 ■ Aeródromo de Cuatro Vientos, Autovía A5, km 10,700 ■ 91 509 16 90 ■ Horario: 10.00-14.00 ma-do ■ Todos los autobuses que salen de la estación de Príncipe Pío hacia Alcorcón y Móstoles; metro Cuatro Vientos y luego 1 km a pie o en autobús ■ www.ejercitodelaire.mde.es

Este museo posee una de las mayores colecciones de aviones antiguos de Europa. Hay helicópteros, cazas y muchas otras aeronaves, entre ellas un Breguet 19 que cruzó el océano Atlántico sur en 1929.

4 CentroCentro

PLANO F4 ■ Plaza de Cibeles 1 ■ 91 480 00 08 ■ www.centrocentro.org

En el antiguo vestíbulo de la oficina central de correos de Madrid (actual Ayuntamiento), se halla la sala de descanso y lectura del complejo CentroCentro (ver p. 82). Con su gran selección de periódicos y revistas, es ideal para descansar antes de visitar el Prado (ver pp. 16-21). Para las visitas guiadas del edificio de principios del siglo XX, conviene reservar.

5 Matadero Madrid – Centro de Creación Contemporánea

PLANO B2 ■ Plaza de Legazpi 8 ■ 91 517 73 09 ■ Los horarios varían; consultar la página web ■ Metro Legazpi; autobuses 6, 8, 18, 19, 45, 78 y 148 ■ Gratis, excepto las películas y algunas actividades ■ www.mataderomadrid.org

Este centro cultural, instalado en el antiguo matadero de la ciudad, está dedicado a mostrar el trabajo de los artistas contemporáneos. Ofrece exposiciones vanguardistas,

Real Fábrica de Tapices de Madrid

películas en la Cineteca y mucho más. Hay también un fantástico café, bar y restaurante, y un servicio de alquiler de bicicletas.

6 Real Fábrica de Tapices

En esta fascinante fábrica fundada en 1721 por Felipe V y ubicada en un elegante edificio neomudéjar, se pueden ver exquisitos tapices y alfombras realizados con técnicas tradicionales y antiguos telares *(ver p. 82)*. También posee una magnífica colección de tejidos históricos creados para los monarcas españoles a lo largo de los siglos.

7 Museo La Neomudéjar

PLANO H6 ■ Calle Antonio Nebrija ■ Horario: 11.00-15.00 y 17.00-21.00 mi-do ■ www.laneomudejar.com

Situado en las antiguas oficinas de la empresa estatal de ferrocarriles junto a la estación de Atocha, este centro de arte de vanguardia alberga exposiciones de pintura, murales, instalaciones artísticas, videoarte y esculturas de artistas jóvenes. También ofrece durante todo el año talleres, coloquios y festivales de arte.

8 Museo del Ferrocarril

Este museo se encuentra en la estación de trenes de Delicias, construida en el siglo XIX. Está lleno de máquinas de vapor, vagones antiguos y maquetas de trenes, y tiene una cafetería instalada en un precioso vagón de la década de 1920. El museo es el punto de partida del Tren de la Fresa *(ver p. 61)*.

9 Andén 0

PLANO E1 ■ Plaza de Chamberí s/n ■ 91 392 06 93 ■ Gratis previa reserva en la web www.museosmetromadrid.es

Madrid tiene su propia estación de metro *fantasma*. La antigua parada de Chamberí se cerró en 1966 y se ha conservado intacta desde entonces, aunque con el lógico deterioro. Tras una cuidadosa restauración, se ha convertido en un pequeño e interesante museo con exposiciones que recuerdan su historia y su uso como refugio durante la Guerra Civil.

10 Azotea del Círculo de Bellas Artes

El Círculo de Bellas Artes *(ver p. 94)*, creado en 1920, guarda un secreto: una azotea a la que se sube en un ascensor acristalado. Desde el tejado se disfruta de una magnífica vista de la ciudad y puede tomarse un cóctel por la noche oyendo música en directo. En ocasiones se cierra para actos privados, así que hay que informarse antes de ir. La entrada incluye el acceso a la preciosa cafetería La Pecera *(ver p. 99)*.

Azotea del Círculo de Bellas Artes

🔟 Madrid para niños

Interior del Museo Natural de Ciencias

1 Museo Natural de Ciencias Naturales

Calle de José Gutiérrez Abascal 2 ■ Horario: 10.00-17.00 ma-vi (ago: 10.00-15.00), 10.00-20.00 sá, do y festivos ■ Cerrado 1 y 6 ene, 1 may y 25 dic ■ Se cobra entrada ■ www.mncn.csic.es

Inaugurado en 1771, este museo alberga una de las colecciones de historia natural más antiguas de Europa, con fósiles y reconstrucciones de dinosaurios, tiburones y aves. Hay talleres para niños durante todo el año.

2 Parque de Atracciones

Casa de Campo ■ Ctra. A-5, salida Parque de Atracciones ■ Metro Batán ■ Los horarios varían, consultar la web ■ Se cobra entrada (gratis niños de menos de 100 cm de estatura) ■ www.parquedeatracciones.es/horarios

Este parque cuenta con más de 40 atracciones para todos los gustos, además de espectáculos de marionetas y magia y una zona de realidad virtual. Entre las atracciones preferidas destacan Los Rápidos y el Top Spin. Para los más pequeños hay tiovivos y paseos en tren y barco.

3 Faunia

Avda. de las Comunidades 28 ■ Ctra. A-3, salida 6 Valdebernardo ■ Metro Valdebernardo ■ Los horarios varían, consultar la web: www.faunia.es/horarios ■ Se cobra entrada (gratis niños menores de 3 años)

Los 13 pabellones de este parque han sido diseñados para recrear un ecosistema diferente con un aspecto, sonido y olor distintivos. Los visitantes pueden experimentar una tormenta tropical, viajar a las regiones polares y observar a los animales nocturnos.

4 Parque Warner

Camino de la Warner, San Martín de la Vega ■ Ctra. A-4, salida 22 ■ Tren C-3A desde Estación del Arte ■ Los horarios varían, consultar la web: www.parquewarner.com/horarios ■ Se cobra entrada (gratis niños menos de 100 cm de alto)

Este parque está dividido en zonas temáticas: Superhéroes está dedicada a los mundos fantásticos de Gotham City y Metrópolis, y El salvaje oeste recuerda las películas de vaqueros. También se puede pasear por réplicas de escenarios de los estudios Warner Brothers en California.

5 Palacio de Hielo

Calle Silvano 77 ■ 91 716 04 00 ■ Metro Canillas ■ Los horarios varían, consultar la web ■ Tiendas: 10.00-22.00 lu-sá, 12.00-20.00 do y festivos; cerradas 1 y 6 ene, 1 may, 25 dic ■ www. palaciodehielo.com ■ Se cobra entrada

Emplazado en el centro de Madrid, es un centro comercial

y de ocio con una pista de patinaje sobre hielo de tamaño olímpico de 1.800 m², donde se puede alquilar material y recibir clases. Cuenta con 12 cafés y restaurantes, parque infantil, bolera, cine con 15 salas y gimnasio.

Patio central, Centro Comercial Xanadú

6 Centro Comercial Xanadú

Ctra. A-5, salida 22 y 23 desde Madrid; 24 y 25 desde Extremadura ■ Autobús 528, 534, 539, 541, 545, 546, 547 y 538 desde Príncipe Pío ■ Horario: tiendas 10.00-22.00 diario, cerrado 1 y 6 ene, 25 dic; cines y pista de esquí 9.00-1.00 diario (hasta 2.00 vi-do) ■www.madridxanadu.com

Este centro comercial y de ocio alberga un parque de nieve con escuela de esquí, cines, restaurantes, bolera y una pista de karts. También alberga el Atlantis Aquarium y el parque temático Nickelodeon Adventure.

7 Aquópolis

Avenida de la Dehesa s/n Villanueva de la Cañada ■ Los horarios varían; consultar la página web ■ www.villanueva.aquopolis ■ Se cobra entrada

Rampas gigantes de agua, toboganes y cascadas en el parque acuático de Madrid. Hay un lago, una piscina con olas y una piscina infantil, además de cafés y restaurantes.

8 Tren de la Fresa

PLANO A3 ■ Sale del Museo del Ferrocarril ■ 91 232 03 20 ■ Los horarios varían; llamar antes ■ Se cobra entrada (gratis niños de menos de 100 cm de alto)

El Tren de la Fresa, impulsado por una máquina de vapor antigua, ofrece diversión a los niños y un viaje al pasado a los adultos. Sigue la ruta original de Madrid a Aranjuez que se inauguró en 1850. Las azafatas vestidas con trajes de época reparten las excelentes fresas que produce Aranjuez. El billete incluye el autobús desde la estación, además de la entrada al palacio, los jardines y otros lugares.

9 Teleférico

PLANO A2 ■ Paseo del Pintor Rosales ■ Los horarios varían, consultar la web: www.teleferico.es ■ Se cobra entrada (gratis menores de 4 años)

Un paseo en teleférico entre el parque del Oeste y la Casa de Campo puede resultar entretenido. Hay unas fabulosas vistas del horizonte de la ciudad y con la ayuda de un folleto se puede localizar puntos como el Palacio Real.

El teleférico sobre la Casa de Campo

10 Parque del Retiro

Es el lugar ideal al que ir con niños. Los fines de semana hay espectáculos de marionetas en el teatro al aire libre, cerca del estanque (los horarios varían). En el paseo del estanque, es frecuente ver actuaciones de payasos, magos o titiriteros (ver pp. 36-37).

Centros de cultura

1 Centro Cultural Conde Duque

PLANO C2 ■ Calle Conde Duque 11
■ www.condeduquemadrid.es

Durante la mayor parte del año, este centro cultural (ver p. 72) alberga exposiciones temporales. Durante los Veranos de la Villa, programa ópera, obras de teatro y conciertos. Muchos de estos acontecimientos tienen lugar en su patio al aire libre (ver p. 74) en los festivales de verano.

2 Cine Doré

PLANO E5 ■ Calle de Santa Isabel 3 ■ www.culturaydeporte.gob.es

Este bonito cine de 1920 es actualmente la sede de la Filmoteca Nacional. Cuenta con dos salas donde se proyecta una excelente selección de películas clásicas y contemporáneas en versión original. En verano, también se ofrecen películas en la pantalla al aire libre de la terraza (hay que reservar con antelación). En el vestíbulo hay una cafetería y una librería especializada.

3 Teatro Real

Desde su renovación en la década de 1990, el espléndido teatro Real de Madrid ha obtenido un éxito tras otro con representaciones de óperas clásicas, tanto de compañías nacionales como internacionales. La temporada en este teatro para 1.750 espectadores se prolonga de septiembre a julio. Si solo quiere echar un vistazo a este espectacular edificio, se puede hacer una visita guiada del teatro (ver p. 102).

4 Teatro de la Zarzuela

PLANO E4 ■ Calle de Jovellanos 4 ■ www.teatrodela zarzuela.mcu.es

Este hermoso teatro data de 1856 y fue construido especialmente para representar zarzuela, tan de moda en la época. Tras décadas de desinterés, el género ha renacido y el teatro programa nuevas obras, además de clásicos como *El barbero de Lavapies*. La temporada se extiende de septiembre a junio. En verano también programan flamenco y danza.

5 Teatro Fernán Gómez

PLANO G2 ■ Plaza de Colón 4
■ www.teatrofernangomez.es

Los espectáculos ofrecidos por este importante centro cultural van desde exposiciones temporales hasta *ballet,* jazz, obras de teatro y zarzuela.

La elegante fachada del teatro Real

Casa de América

6 Casa de América
PLANO F3 ■ Plaza de Cibeles s/n
■ www.casamerica.es

El espléndido palacio de Linares, de estilo neobarroco, se halla frente al Palacio de Comunicaciones. Actualmente alberga la Casa de América, que presenta arte latinoamericano y ofrece un programa regular de cine, exposiciones y conciertos. También cuenta con una buena librería, un café y el restaurante Cien Llaves.

7 Fundación Juan March
Esta fundación ofrece exposiciones temporales de primer orden, dedicadas a grandes artistas y a las vanguardias del siglo XX. También hay conciertos los lunes y los sábados a las 12.00, de música de cámara (el programa mensual está disponible en el centro). En el patio delantero se encuentran algunas esculturas modernas, como *Lugar de encuentro* (1975) de Eduardo Chillida (ver p. 86).

8 Sala Riviera
PLANO A4 ■ Paseo Bajo de la Virgen del Puerto ■ www.salariviera.com

Si se quiere escuchar a grupos de pop y rock como Metronomy, Noel Gallagher o Fontaines D.O, este suele ser su escenario cuando visitan Madrid. La acústica y la visibilidad son bastante buenas (mejor que en otros locales similares) y en verano se abre el techo para que los asistentes se refresquen. También es discoteca.

9 Teatro Monumental
PLANO E5 ■ Calle de Atocha 65 ■ www.rtve.es

Diseñado por Teodoro Anasagasti en el año 1922 y famoso por su excelente acústica, es la sede de la Orquesta y el Coro de Radio Televisión Española y de la aclamada Orquesta Sinfónica de Madrid.

10 Auditorio Nacional de Música
Calle del Príncipe de Vergara 146 ■ Metro Prosperidad, Cruz del Rayo ■ www.auditorionacional.mcu.es

Esta moderna sala de conciertos, que se inauguró en el año 1988, es la sede de la Orquesta y Coro Nacionales de España. Cuenta con una sala sinfónica, un aforo de 2.324 localidades, y una sala de cámara, con 692 butacas. Sus intérpretes invitados son de primera fila.

📟 **Bares**

Fotografías de clientes famosos en el Museo Chicote

① Museo Chicote

"Seguramente es el mejor bar de España", sentenció Ernest Hemingway sobre este bar de cócteles en la década de 1930. Pero fue en las décadas de 1950 y 1960 cuando Chicote se hizo realmente famoso, gracias a las visitas de estrellas como Frank Sinatra. El bar se anima a altas horas (ver p. 98).

② Bodega de la Ardosa

Este popular bar tiene una historia que se remonta más de 100 años atrás. Abierto desde 1892, se reformó en la década de 1980 y empezaron a servir cerveza Guinness y tortilla casera, uno de los pilares de su tentadora carta de tapas. La iluminación bastante oscura, la música suave y la agradable clientela crean un ambiente atractivo (ver p. 125).

③ Café Manuela

La estatua de Manuela Malasaña (ver p. 120), heroína local, es una de las piezas de la encantadora decoración de finales del siglo XIX, que incluye espejos, columnas estriadas y florituras de estuco. Las actividades abarcan desde conciertos y recitales de poesía hasta tertulias y exposiciones de artistas locales. El amable personal sirve café, cerveza, cócteles y tapas dependiendo del momento del día (ver p. 124).

④ Azotea Radio

Con elegantes sofás y lámparas de diseño, esta terraza en la azotea cuenta con una de las vistas más destacadas de la ciudad. Estupendos cócteles y una buena selección de

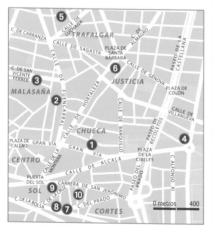

música. En el interior hay un salón y un bar VIP frecuentado por famosos (ver p. 116).

5 Sala Clamores

Aunque inició su andadura como club de jazz, este local es en la actualidad uno de los lugares más famosos para disfrutar de todo tipo de música en directo, desde jazz y blues hasta funk o tango, gracias a las actuaciones de artistas reconocidos (ver p. 124).

6 Cervecería Santa Bárbara

Esta gran cervecería, una institución en Madrid, es el lugar perfecto para relajarse después de un día de visitas turísticas o para comenzar una noche de marcha en la ciudad. Sirven cerveza negra y rubia de barril (ver p. 125).

7 Cervecería Alemana

Esta cervecería y bar de tapas debe buena parte de su popularidad a la terraza que coloca en la plaza de Santa Ana. Como el Museo Chicote, fue una de las favoritas de Ernest Hemingway y otros famosos expatriados. Cervezas españolas y de importación (ver p. 117).

8 Restaurante Ramses.Life

Abierto junto a la Puerta de Alcalá hasta la 1.00, este establecimiento ha sido diseñado por Philippe Starck. Es frecuentado por gente bien, que se acerca a disfrutar de la amplia selección de bebidas que se sirven en su ovalada barra de cócteles. También acoge dos restaurantes y un club en el sótano. Se recomienda una mesa con vistas a la plaza (ver p. 91).

Barra del Alhambra

9 Alhambra

Alhambra, diseñado como un bar de principios del siglo XX con toques moriscos, es uno de los mejores lugares para comenzar la noche si se piensa recorrer los locales nocturnos de Sol y Santa Ana. Se recomiendan las tapas, especialmente los embutidos y el chorizo picante. Además de cerveza y sangría, el local dispone también de una buena selección de vinos (ver p. 116).

10 La Venencia

Un bar para los amantes del jerez que quieran paladear buenos finos y manzanillas. Abrió sus puertas en 1929 y hoy continúa gozando de un gran éxito, especialmente por las noches cuando los turistas se mezclan con una fiel clientela local. La decoración acompaña a una buena selección de canapés y tapas como la mojama. Solo tienen jerez, así que no sirven cerveza. No aceptan propinas (ver p. 116).

Restaurante Ramses.Life

🔟 Bares de tapas

1 Tasca La Farmacia

Esta es una de las tascas genuinas de Madrid que no han perdido la buena costumbre de servir a sus clientes un sabroso aperitivo que acompañe a cada bebida. Situada en el barrio de Salamanca, la especialidad de la casa son las croquetas de bacalao (ver p. 90).

Taberna del Alabardero

2 Taberna del Alabardero

Situada en las inmediaciones del teatro Real, esta pequeña taberna abrió sus puertas en 1974, deleitando a su clientela desde entonces. Pruebe su cocina vasca elaborada con verduras que vienen directamente del huerto.

3 Venta El Buscón

Tradicional bar de tapas decorado con azulejos y retratos del poeta Quevedo. Sirve tlas típicas tapas madrileñas a un excelente precio, además de distintos platos de pescado y carne. Se recomienda probar la tortilla española y los calamares a la romana (ver p. 116).

4 Los Gatos

No olvide su cámara cuando visite este maravilloso bar, en el que hay que abrirse paso para llegar a la barra. Se puede elegir entre una gran variedad de canapés, pulgas y tapas acompañados de una caña bien tirada, o lo que es lo mismo, una cerveza de barril bien servida. También son sabrosos el jamón deliciosamente cortado y los vinos. Cada centímetro del local está decorado con todo tipo de objetos, desde camisetas de baloncesto firmadas hasta teléfonos antiguos (ver p. 83).

5 Taberna Antonio Sánchez

Este mesón de Lavapiés abrió por primera vez en 1786. Los muebles de madera y los recuerdos taurinos son tan tradicionales como la carta con tortilla y guisos (ver p. 117).

Taberna Antonio Sánchez

6 La Casa del Abuelo

Situado cerca de la plaza de Santa Ana, es un bar con serrín en el suelo. Nada como un tinto para acompañar las tapas, la mayoría de ellas variaciones alrededor de las gambas. Se recomiendan a la plancha o al ajillo. No hay mesas para sentarse (ver p. 117).

7 La Perejila

Concurrido y agradable bar (ver p. 116) con decoración andaluza. Sirve tapas clásicas con un toque moderno y excelentes vinos. Entre los platos más populares de la carta están las albóndigas, el bacalao ahumado, el salmorejo y la tostada de cecina con almendras.

Tapa tradicional de gambas

8 Bodegas Rosell

Manolo Rosell, el propietario de esta taberna revestida de azulejos, ha sido distinguido con el premio nacional Nariz de Oro. Sirve sabrosas tapas tradicionales que se pueden acompañar con algún vino de la amplia carta.

9 Casa González

Fundado en 1931, este establecimiento, mezcla de bar de tapas y tienda de quesos de calidad (ver p. 116), es famoso por su selección de vinos y platos de embutidos, conservas de pescado y marisco y otras delicias. Pida unas tapas con una botella de vino y siéntese a saborearlas en una mesa de mármol junto a la ventana.

10 Casa Labra

Su especialidad son las croquetas de bacalao. Se puede tapear de pie en el bar, o almorzar a la carta en el comedor. En él se fundó el Partido Socialista en el año 1879 (ver p. 98).

TOP 10: TAPAS ESPAÑOLAS

Croquetas

1 Croquetas
Las croquetas españolas están hechas con besamel y trocitos de jamón serrano, bacalao o espinacas, y fritas.

2 Canapés
En los canapés el único límite lo pone la imaginación del cocinero.

3 Tortilla
La tortilla de patatas está presente en todo bar que se precie.

4 Pimientos
Los pimientos suelen ser del piquillo (rellenos con carne, bacalao o atún) o de Padrón (asados con sal).

5 Empanadillas
Las empanadillas (de atún o carne) son auténticas joyas de la cocina casera.

6 Patatas bravas y alioli
Las patatas bravas están fritas y van con salsa de tomate picante y las patatas al alioli, cocidas y cubiertas de mayonesa con ajo.

7 Raciones
Son platos para compartir, como guisos calientes o una combinación de jamón serrano, chorizo y queso manchego.

8 Conservas
Pescado en lata, como boquerones, mejillones y berberechos.

9 Soldaditos de pavía
Palitos de merluza rebozados.

10 Gambas
Gambas hechas a la plancha o peladas y después salteadas en aceite de oliva y ajo.

TOP 10 Restaurantes

Interior del histórico Sobrino de Botín

1 Sobrino de Botín
Según el *Libro Guinnes de los récords*, Botín, que abrió sus puertas en 1725, es el restaurante más antiguo del mundo. Los comedores conservan parte de la decoración original, incluidos los azulejos y las vigas de roble, y el ambiente es cordial. Botín es famoso por su carta castellana; la especialidad de la casa: el cochinillo asado *(ver p. 117)*.

2 DiverXO
El chef David Muñoz, que se formó en Hakkasan y Nobu en Londres, consiguió su tercera estrella Michelin en 2013 por su excepcional fusión de la cocina hispana y asiática *(ver p. 91)*. Pruebe el menú degustación de 12 platos, cocina experimental increíble a base de los mejores ingredientes locales. El restaurante tiene capacidad para 32 personas, así que es imprescindible reservar.

3 Santceloni
Esta sucursal del famoso restaurante catalán, propiedad del cocinero Santi Santamaría, se sitúa entre los mejores de la ciudad con dos estrellas Michelin. La carta se compone de recetas magníficamente preparadas. Imprescindible reservar *(ver p. 91)*.

4 Lhardy
Una institución en Madrid, fundado en 1839. Los comedores de la planta alta son íntimos, con toques elegantes como espejos dorados, revestimiento de madera, vajillas de Limoge y cristalerías de Bohemia. La cocina es más madrileña que francesa; el cocido es la especialidad de la casa *(ver p. 99)*.

5 Casa Lucio
Restaurante familiar con más de 40 años de historia. Casa Lucio se encuentra en los locales donde estaba el mesón El Segoviano, donde Lucio comenzó a trabajar. Platos tradicionales españoles elaborados con los mejores ingredientes locales. Deliciosos guisos y platos con huevos *(ver p. 116)*.

6 Viridiana
Bautizado con el nombre de la película del cineasta Luis Buñuel, este moderno establecimiento entre el paseo del Prado y el parque del Retiro es propiedad del cocinero Abraham García. Ideal para una ocasión especial, ofrece una carta creativa y vinos excelentes *(ver p. 83)*.

⑦ Restaurante La Trainera

Este restaurante se compone de numerosas salas amuebladas con mesas de pino y sillas. La carta incluye gran variedad de pescados y mariscos, no solo cantábricos, sino también mediterráneos y de Cádiz. Se recomienda el salpicón de marisco *(ver p. 91)*.

⑧ Estado Puro

En este local, dirigido por el famoso chef español Paco Roncero, se puede disfrutar de las galardonadas tapas. La carta incluye gastronomía molecular y cocina de fusión que crea platos que combinan y mezclan sabores de forma sublime. Se recomienda probar los espárragos en tempura *(ver p. 83)*.

El iluminado interior de Estado Puro

⑨ Ramón Freixa Madrid

El imaginativo chef Ramón Freixa combina tradición e innovación en su restaurante con dos estrellas Michelin. Tres menús degustación que incluyen desde salchichas de tórtola hasta caracoles guisados *(ver p. 91)*.

⑩ BiBo Andalusian Brasserie & tapas

Dani García, con tres estrellas Michelin *(ver p. 91)*, no le decepcionará. Sumérjase en un viaje culinario alrededor del mundo con 80 platos internacionales y una impresionante bodega.

TOP 10: PLATOS TÍPICOS

1 Cocido madrileño
Este guiso de garbanzos, verduras y carne se sirve en tres vuelcos (platos): primero la sopa, después los garbanzos con la verdura y, por último, la carne.

2 Cochinillo asado
Tradicionalmente se elabora al horno en cazuelas de barro para conseguir la característica corteza crujiente.

3 Callos a la madrileña
Plato típico del invierno, este contundente guiso se prepara con tripa de vaca, chorizo, morcilla y jamón.

4 Bacalao
Hay muchas maneras de cocinarlo. A Ernest Hemingway le encantaba el bacalao al ajoarriero, un guiso de bacalao con tomate, pimientos y ajo.

6 Gazpacho
Famosa sopa fría cuya receta proviene de Andalucía y está hecha de tomates, ajo, pepino, aceite de oliva, pimientos verdes y vinagre.

6 Pulpo a la gallega
Es un pulpo cortado en finas rodajas sobre una capa de patatas, aceite de oliva y pimentón.

7 Fabada asturiana
Guiso base de judías blancas y morcilla, que se sirve muy caliente.

8 Txangurro
El cangrejo a la vasca se sirve mezclado con otros tipos de mariscos.

9 Merluza rebozada
Otra especialidad del norte, merluza empanada y frita.

10 Paella
El plato con arroz más famoso en España en su versión tradicional lleva conejo y pollo, pero hoy en día es más común ver su versión con marisco.

Paella de marisco

🔟 Tiendas típicas españolas

1 Patrimonio Comunal Olivarero

Aunque Madrid no sea de tradición olivarera, aquí se puede comprar buen aceite. Se pueden distinguir las diferentes variedades por su color, sabor y olor; las degustaciones son parte de la diversión (ver p. 123).

2 Capas Seseña

Negocio familiar situado cerca de Sol, que lleva desde 1901 confeccionando las tradicionales capas españolas de cuerpo entero, realizadas a mano con la mejor lana. Entre sus clientes famosos están Picasso, Rodolfo Valentino, Hillary Clinton y Bruce Springsteen, o miembros de la familia Real. No hace falta decir que una capa de esta calidad y hecha a medida no resulta barata (ver p. 113).

Fachada de Capas Seseña

3 El Ángel

La religión sigue jugando un papel importante en la vida española y Madrid es famosa por sus tiendas especializadas en objetos devotos. Fundada en 1867, esta tienda familiar surte a muchas iglesias y monasterios de toda la geografía española. Es un auténtico museo, con 1.000 metros cuadrados de superficie repletos de artículos, como rosarios, estatuas, cuadros, iconos y copas de comunión (ver p. 113).

Guitarra de Manuel Contreras

4 Manuel Contreras

Este taller de guitarras, uno de los más respetados de España, se fundó en el año 1962. Entre sus clientes más destacados se encuentran el ya fallecido compositor y virtuoso Andrés Segovia, o el guitarrista Mark Knopfler. Cuenta con un pequeño museo de instrumentos que se remontan al siglo XIX. También resulta fascinante ver a los artesanos trabajando (ver p. 104).

5 Flamencoexport

Los amantes del flamenco disfrutarán de su visita a este establecimiento especializado, que tiene de todo: trajes y accesorios (abanicos, flores, peinetas), guitarras, libros, partituras, vídeos y discos compactos (ver p. 104).

6 Antigua Casa Talavera

Esta tienda, que vende cerámica hecha a mano, se remonta a principios del siglo XX. Los estilos regionales están todos representados, incluido el característico diseño azul y amarillo de Talavera de la Reina. Aquí se venden azulejos

Azulejos pintados

decorativos, platos, jarrones, jarras y reproducciones de obras de museo *(ver p. 104)*.

 Franjul
Llevan diseñando y fabricando bolsos y zapatos desde 1947 y representan el estilo español por excelencia. Puede elegir el estilo que desee para crear sus propios e inimitables zapatos o bolso *(ver p. 113)*.

 Casa Mira
Esta tienda lleva más de 150 años fabricando su famoso turrón, preparado sin colorantes ni conservantes. También vende bollos, caramelos y otros dulces *(ver p. 113)*.

Bodegas Mariano Madrueño

⑨ **Bodegas Mariano Madrueño**
Esta bodega centenaria es famosa su extensa oferta de vinos, vermús y brandis. En algunas ocasiones hay catas de vinos y música en vivo *(ver p. 114)*.

⑩ **Taller Puntera**
PLANO C4 ▪ Plaza del Conde de Barajas 4 ▪ 913 642 926 ▪ www. puntera.com/gb
Entre la plaza Mayor y la plaza de la Villa, una tienda y taller que vende artículos de piel hechos a mano y únicos. También se puede asistir a sus talleres donde se presentan los fundamentos del trabajo en piel; se puede reservar plaza por Internet.

TOP 10: MERCADOS ESPAÑOLES

Mercado de la Cebada

1 Mercado de la Cebada
PLANO C5 ▪ Plaza de la Cebada s/n ▪ 9.00-18.00 sá, 11.00-17.00 1.er do de mes
Los orígenes de este mercado se remontan a 1875, cuando lo inauguró Alfonso XII *(ver p. 114)*.

2 Ferias de Artesanía
Se montan una semana antes de Navidad. Pruebe las de la plaza Mayor *(ver pp. 22-23)*.

3 Mercado de Vallehermoso
PLANO C1 ▪ Calle de Vallehermoso 36 ▪ 9.00-23.00 lu-ju *(hasta medianoche vi y sá)*, 12.30-17.00 do
Mercado tradicional de abastos y puestos de comida en un edificio que data de la década de 1930.

4 El Rastro
El famoso mercadillo se levanta los domingos por la mañana *(ver pp. 26-27)*.

5 Mercado de Maravillas
Calle Bravo Murillo 122 ▪ Metro Alvarado ▪ Lu-vi y sá mañana
Productos de alimentación.

6 Mercado de Chamartín
Calle Bolivia 9 ▪ Metro Colombia ▪ Lu-vi *(cerrado a mediodía)* y sá mañana
Pescado y productos de calidad.

7 Mercado de San Miguel
Sus puestos de *delicatessen* venden comida y bebida para tomar allí mismo *(ver p. 105)*.

8 Mercado de la Paz
En este pequeño mercado destacan los puestos de queso *(ver p. 88)*.

9 Mercado de San Antón
PLANO R1 ▪ Calle Augusto Figueroa 24 ▪ Lu-sá
Flores, alimentos y vino *(ver p. 121)*.

10 Librerías de la Cuesta de Moyano
PLANO F6 ▪ Calle de Claudio Moyano ▪ Lu-vi *(cerrado a mediodía)*; sá y do mañana
Libros viejos, nuevos y de segunda mano.

TOP**10** Madrid gratis

Parque fluvial Madrid Río, a orillas del río Manzanares

1 Madrid Río

■ **Metro Príncipe Pío y Puerta del Ángel** ■ www.esmadrid.com/en/informacion-turistica/madrid-rio

Este parque está próximo al puente de Segovia y sigue el curso del río Manzanares. Incluye jardines, zonas de juego infantiles, senderos para pasear y montar en bicicleta, miradores, fuentes y puentes. También hay una pista para patines, un rocódromo e instalaciones para jugar al baloncesto, a la petanca y al pádel. En verano hay incluso una playa a la que acuden muchos madrileños.

Entrada del Centro Cultural Conde Duque

2 Museos del paseo del Arte

Los principales museos de Madrid son gratis algunos días: el Prado *(ver pp. 16-21)* los lunes y sábados de 18.00 a 20.00 y los domingos de 17.00 a 19.00; el Museo Nacional Thyssen-Bornemisza *(ver pp. 28-31)* los lunes de 12.00 a 16.00; y el Museo Nacional Centro de Arte Reina Sofía *(ver pp. 32-35)* los lunes y de miércoles a sábados de 19.00 a 21.00 y los domingos de 13.30 a 19.00.

3 Fiestas locales

La principal fiesta de Madrid se celebra en honor al patrón de la ciudad, San Isidro, y dura una semana en torno al 15 de mayo *(ver p. 74)*. Los madrileños se visten con los trajes típicos y acuden al parque de San Isidro a los conciertos, para comer al aire libre y recorrer los puestos que venden comida y bebida. Hay muchas fiestas tradicionales a lo largo del año, como la del Dos de Mayo, que se celebra en Malasaña (una semana en torno al 2 de mayo), y la Verbena de la Paloma, que tiene lugar en La Latina (en agosto).

4 Centro Cultural Conde Duque

Este centro cultural municipal alberga el Museo de Arte Contemporáneo de Madrid, además de un auditorio, biblioteca y varias salas de exposiciones. Las muestras, incluidas las del Museo de Arte Contemporáneo, son gratuitas. Ofrece una programación regular de charlas, talleres y actividades infantiles *(ver pp. 62)*.

5 La Casa Encendida

PLANO E6 ■ **Ronda de Valencia 2** ■ **91 506 21 80** ■ **Horario: 10.00-22.00 ma-do** ■ www.lacasaencendida.es

Este centro cultural, gestionado por una fundación privada, ofrece una amplia variedad de exposiciones gratuitas, talleres, cursos y actividades familiares. Fabulosas vistas de la ciudad desde el jardín de la azotea.

⑥ Gran Vía
PLANO D3

En esta zona del centro hay que probar la variada oferta gastronómica o los espectáculos, además de explorar sus espléndidos edificios, como el Metrópolis.

⑦ Palacio de Cristal
PLANO G4 ■ Puerta de Alcalá ■ **Horario: abr-sep: 10.00-22.00 todos los días; 24 y 31 dic: 10.00-17.00** ■ Cerrado 1 y 6 ene, 1 may, 25 dic

Situado en el parque del Retiro (ver pp. 36-37) es una de las galerías más bellas de Madrid. Ofrece exposiciones temporales organizadas por el Museo Nacional Centro de Arte Reina Sofía (ver pp. 32-35). Cierra los días de lluvia.

⑧ Parque Juan Carlos I
Los madrileños acuden a pasear, montar en bicicleta y comer al aire libre. Hay zonas de juego y actividades familiares gratuitas los fines de semana (ver p. 53).

Zona arbolada del parque Juan Carlos I

⑨ Planetario de Madrid
Parque Tierno Galván, Av. del Planetario 16 ■ 91 467 34 61 ■ Metro Méndez Álvaro ■ Los horarios varían, consultar la web: www.planetmad.es

Las proyecciones son de pago; sin embargo, las exposiciones, con fascinantes muestras audiovisuales interactivas, son gratuitas.

⑩ Museos municipales
Muchos son gratuitos, como el Museo de Arte Público, el Museo de los Orígenes (ver p. 107) y el Museo de Historia (ver p. 119).

TOP 10: MADRID A BUEN PRECIO

Cartel del metro de Madrid

1 El billete Metrobús permite hacer 10 viajes en metro o autobús por 12,20 €.

2 Los días laborables se puede aprovechar para almorzar un menú del día o un plato combinado, que pueden costar unos 14 €.

3 El Abono Turístico es perfecto si se piensa utilizar mucho el transporte público. Tiene una validez de 1-7 días y cuesta a partir de 8,40 €.

4 Si no se va a salir del centro, desplazarse a pie es una opción más saludable y económica que el transporte público.

5 Comprar algo de comer en cualquiera de los fantásticos mercados de la ciudad y almorzar al aire libre en un parque sale más económico.

6 El sitio web Atrápalo vende entradas con descuento para conciertos, espectáculos y encuentros deportivos en Madrid (www.atrapalo.com).

7 Muchos teatros y cines ofrecen entradas con descuento en el día del espectador, que suele ser el lunes, el martes o el miércoles.

8 Algunos bares de Madrid conservan la buena costumbre de servir tapas gratuitas con las bebidas, como El Tigre (Infantas 23, Chueca) y La Pequeña Graná (Calle de Embajadores 124, Embajadores).

9 Empresas como SANDEMANs ofrecen estupendos recorridos a pie gratuitos con guías locales (www.neweuropetours.eu).

10 Los hoteles suelen servir desayunos caros y poco abundantes; comerá mucho mejor y por menos en cualquier otro lugar.

Fiestas y acontecimientos

1 Carnaval

La diversión comienza el fin de semana anterior al martes de Carnaval con música, baile y desfiles. El Miércoles de Ceniza se celebra el entierro de la sardina. Esta procesión funeraria simulada sale de la iglesia de San Antonio de la Florida y termina internándose en la Casa de Campo.

Disfraz de carnaval

2 Semana Santa

Aunque no cuenta con la tradición de otras ciudades españolas, Madrid también vive a su manera la Semana Santa. El Jueves Santo, los penitentes, vestidos con las capuchas moradas, pasean la imagen de Cristo por la ciudad. A la tarde siguiente, se celebra la procesión del Cristo de Medinaceli, que parte de la iglesia del mismo nombre y recorre el centro de la ciudad.

Gran procesión de Jueves Santo

3 San Isidro y la Almudena

Madrid tiene dos santos patronos, cuyas fiestas se celebran el 15 de mayo (San Isidro) y el 9 de noviembre (la Virgen de la Almudena). En mayo se acude a merendar y escuchar música a la pradera cercana a la ermita de San Isidro, a la que llega la procesión del santo. El recorrido de la Virgen de la Almudena por las calles de Madrid concluye con una misa en la catedral que lleva su nombre (ver p. 102).

4 Veranos de la Villa y Festival de Otoño

www.veranosdelavilla.com
■ www.madrid.org/fo

Los Veranos de la Villa y el Festival de Otoño llenan la ciudad de conciertos, danza, producciones teatrales y películas.

5 Clásicos al aire libre

www.fundacionolivarde
castillejo.org ■ www.rjb.csic.es

Entre mediados de junio y mediados de septiembre, la Fundación Olivar de Castillejo celebra un concierto de música clásica en el olivar que rodea su sede en el centro de Madrid. Naturaleza y música clásica también se dan la mano en el Real Jardín Botánico (ver pp. 80-81) todos los viernes del verano.

6 Ferias de arte

www.ifema.es/arco-madrid
■ www.artemadrid.com/apertura

Madrid tiene una de las escenas artísticas más animadas de Europa y alberga también importantes ferias. La más conocida es ARCO, que atrae en febrero a artistas y coleccionistas de todo el mundo. En septiembre, durante Apertura Madrid, los museos son gratuitos durante un fin de semana.

7 Fiebre del flamenco
www.madrid.org/suma flamenca

Muchos de los máximos exponentes del flamenco actúan en Madrid. Uno de los encuentros más completos es Suma Flamenca, un festival que normalmente se celebra en junio. El teatro Fernán Gómez *(ver p. 62)* acoge en primavera las actuaciones de Flamenco Madrid.

8 Fiestas del 2 de Mayo
Estas fiestas, que conmemoran el alzamiento del pueblo de Madrid contra las tropas napoleónicas el 2 de mayo de 1808, son de las más populares de la ciudad. En la plaza del Dos de Mayo se celebran conciertos, bailes, competiciones deportivas, fuegos artificiales y desfiles.

Celebración de las fiestas del 2 de Mayo

9 Ferias gastronómicas
www.tapapies.com
■ www.gastrofestivalmadrid.com

En octubre, los bares y restaurantes de Lavapiés ofrecen tapas a 3 € con ocasión de TapaPiés. Durante el Gastrofestival, en febrero, se celebran citas gastronómicas por toda la ciudad.

10 Reyes
La primera celebración del año es *La cabalgata de los Reyes Magos*. Las carrozas desfilan por las calles principales y los Reyes Magos tiran caramelos a los asistentes. Suelen ser políticos o empresarios famosos los que hacen de "reyes".

TOP 10: DULCES ESPAÑOLES PARA CELEBRACIONES

Roscón de Reyes

1 Roscón de Reyes
6 enero
Se vende sin relleno o con nata, chocolate y otras cremas.

2 Monas de Pascua
Semana Santa
Bizcochos muy dulces que se comen con un huevo duro.

3 Torrijas
Semana Santa
Durante el siglo XIX no había taberna que no las ofreciera.

4 Rosquillas del santo
15 mayo
Tontas, listas, o de Santa Clara son las variedades más tradicionales.

5 Panecillos de San Antonio
13 junio
Estos pequeños bollos con una cruz se sirven en la iglesia de San Antonio.

6 Suspiros de modistillas
13 junio
Son merengues rellenos de praliné.

7 Buñuelos de viento
1 noviembre
El tiempo y la temperatura exacta a la hora de freírlos permiten que se hinchen y que la masa no quede cruda.

8 Huesos de santo
1 noviembre
Probablemente, su creación guarde relación con la recolección de la almendra a principios de noviembre.

9 Polvorones
Navidad
Dulces típicos navideños de canela y almendras.

10 Turrón
Navidad
En Madrid hay pastelerías especializadas en este dulce de origen árabe.

Recorridos por Madrid

Castillo nuevo de Manzanares el Real,
al pie de la sierra de Guadarrama

Paseo del Prado y alrededores **78**

Barrio de Salamanca
y Recoletos **84**

Centro de Madrid **92**

El Madrid de los Austrias **100**

Casco antiguo **106**

Chueca y Malasaña **118**

Comunidad de Madrid **126**

TOP 10 Paseo del Prado y alrededores

Este paseo con árboles, fuentes y esculturas alberga tres museos de primer orden: el Museo Nacional del Prado, el Museo Nacional Centro de Arte Reina Sofía y el Museo Nacional Thyssen-Bornemisza. En el siglo XVIII, esta avenida era un prado atravesado por un arroyo, pero era lugar de frecuentes atracos y encuentros amorosos. Carlos III ideó la construcción de un nuevo bulevar, flanqueado por edificios dedicados a la investigación científica, que uniera la plaza de Cibeles con la plaza de Atocha. Los trabajos comenzaron en 1775 con un Museo de Historia Natural (hoy, el Museo del Prado), un jardín botánico, un observatorio y un Hospital General (hoy, el Reina Sofía).

Plaza de la Lealtad

PASEO DEL PRADO

0 metros 250

1 **Imprescindible**
ver pp. 79-81

1 **Dónde comer**
ver p. 83

1 **Y además...**
ver p. 82

CALLE DE ALCALÁ
PLAZA DE LA INDEPENDENCIA
CALLE DE ALCALÁ
Banco de España
C. DE LOS MADRAZO
PASEO DEL PRADO
CALLE DE ALFONSO XI
CALLE DE MONTALBÁN
C. DE ZORRILLA
CALLE DE JUAN DE MENA
PLAZA DE LAS CORTES
C. DE ANTONIO MAURA
PUERTA DE ESPAÑA
PASEO ARGENTINA
CORTES
PLAZA DE CÁNOVAS DEL CASTILLO
CALLE DE FELIPE IV
PASEO DEL PARAGUAY
C. DE LOPE DE VEGA
JERÓNIMOS
CALLE DE MORETO
PASEO DEL PRADO
PASEO DE CUBA
C. DE LAS HUERTAS
PLAZA DE PLATERÍA DE MARTÍNEZ
PLAZA DE MURILLO
CALLE DE ESPALTER
PUERTA DE MURILLO
Parque del Retiro
CALLE DE FÚCAR
CALLE DE ALARCÓN
ALFONSO XII
CALLE DE ALMADÉN
Real Jardín Botánico
CALLE DE ATOCHA
C. DE CLAUDIO MOYANO
Estación del Arte
PASEO DEL DUQUE DE FERNÁN NÚÑEZ
Viveros Municipales
CALLE DE SANTA ISABEL
PLAZA DEL EMPERADOR CARLOS V
PASEO DE LA INFANTA ISABEL
CALLE DEL DOCTOR FOURQUET
RONDA DE ATOCHA
AVENIDA DE LA CIUDAD DE BARCELONA
PASEO DE LAS DELICIAS
C. DE MÉNDEZ ÁLVARO
Estación de Atocha
Atocha RENFE
PASEO DE LA REINA CRISTINA
CALLE DE JULIÁN GAYARRE
400 metros 900 metros

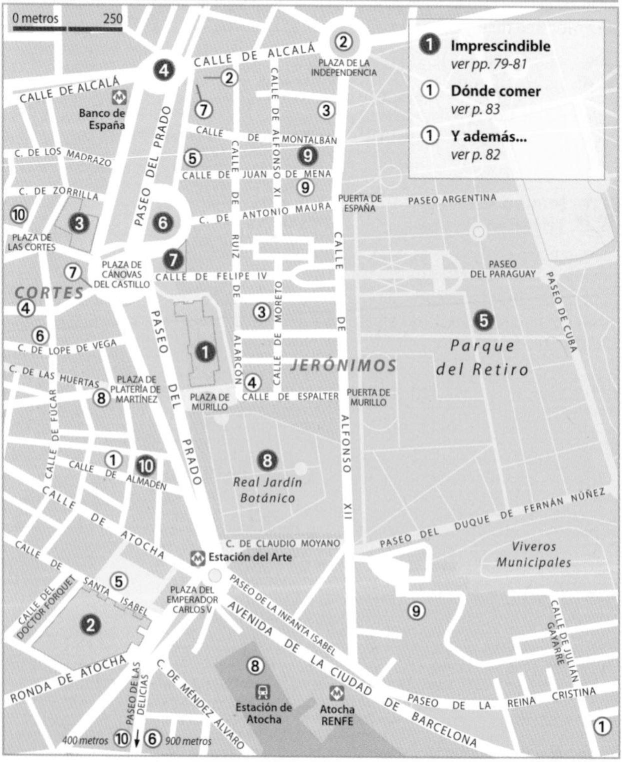

Palacio de Cibeles en la plaza dedicada también a la diosa

1 Museo Nacional del Prado

El Prado, una de las mejores pinacotecas del mundo, posee una gran colección que incluye pinturas de Francisco de Goya *(ver pp. 16-21)*.

2 Museo Nacional Centro de Arte Reina Sofía

Este museo está dedicado a lo mejor del arte de los siglos XX y XXI *(ver pp. 32-35)*.

3 Museo Nacional Thyssen Bornemisza

La que nació como una colección privada es hoy un maravilloso museo público con muestras del mejor arte europeo de los últimos 700 años *(ver pp. 28-31)*.

Museo Nacional Thyssen-Bornemisza

4 Plaza de Cibeles
PLANO F4

En una de las intersecciones más bulliciosas de Madrid se encuentra el monumento más famoso de la ciudad. La fuente de Cibeles, diseñada por Ventura Rodríguez, representa a la diosa de la naturaleza y la abundancia conduciendo su carroza, tirada por dos leones encabritados. Los querubines de los que sale agua se añadieron a finales del siglo XIX. El monumento arquitectónico más llamativo de la plaza es el magnífico Palacio de Cibeles *(ver p. 50),* que alberga el Ayuntamiento. Frente a él se encuentra el palacio de Linares, de estilo neobarroco, uno de los edificios del siglo XIX más hermosos de la ciudad y actual Casa de América *(ver p. 63)*. Enfrente, haciendo esquina con la calle Recoletos y en parte oculto por los jardines, se levanta el antiguo palacio de Buenavista, encargado en 1777 por la duquesa de Alba. Hoy alberga el cuartel general del Ejército de Tierra; a mediodía hay un cambio de guardia.

5 Parque del Retiro

Este parque urbano es una constante en el ocio de los madrileños, en especial los fines de semana y cuando hace buen tiempo. Hay espacios abiertos, además de zonas arboladas y cuidados jardines *(ver pp. 36-37)*.

6 Plaza de la Lealtad

PLANO F4 ■ Bolsa de Madrid: plaza de la Lealtad 1; visitas: 10.00 mi previa cita (email reservas: visitas@ grupobme.es)

Esta arbolada plaza honra a los héroes caídos en el levantamiento de 1808 contra los franceses *(ver p. 47)*. En 1840, cuando se finalizó el proyecto, se enterraron las cenizas de los líderes rebeldes, inmortalizados en el cuadro de Goya *(ver p. 17)*, en unas urnas funerarias en la parte trasera del obelisco. El edificio neoclásico que ocupa el extremo norte de la plaza es la Bolsa de Madrid, diseñado por Enrique María Repullés en 1884. Para atravesar el pórtico hexástilo de estilo corintio y ver el parqué desde la galería (suelo de madera, bóvedas pintadas, techo de vidriera y reloj dorado) hay que unirse a la visita guiada del mediodía.

CIBELES CONTRA NEPTUNO

Estos dos monumentos ahora simbolizan el enfrentamiento entre dos equipos de fútbol, el Real Madrid y el Atlético de Madrid. Cuando el Real Madrid consigue una copa, el equipo y sus seguidores se dirigen a la Cibeles *(ver p. 79);* cuando es el turno del Atlético, Neptuno –en la plaza de Cánovas del Castillo– es escenario de las celebraciones. A lo largo de los años, ambas fuentes han sufrido desperfectos, por lo que actualmente la policía establece un cordón.

7 Mandarin Oriental Ritz

PLANO F4 ■ Pza. de la Lealtad 5

El hotel Ritz *(ver p. 142)*, abrió sus puertas en 1910 y a la inauguración asistió el rey Alfonso XIII, que había apoyado el proyecto ante la falta de alojamiento de calidad en la ciudad. El exterior neoclásico de influencia francesa, proyectado por el arquitecto galo Charles Mewes, contrasta por su sobriedad con el opulento interior. Entre sus encantos se incluyen alfombras tejidas a mano en la Real Fábrica de Tapices y el comedor *belle époque*. En 2020, el Mandarin Oriental Group lo reformó de forma minuciosa.

8 Real Jardín Botánico

PLANO F5 ■ Plaza de Murillo 2 ■ Horario: 10.00-atardecer todos los días ■ Cerrado 1 ene, 25 dic ■ Se cobra entrada (gratis ma después de 17.00)

Este hermoso jardín se inauguró en 1781 como centro de investigación botánica. Junto a la entrada, crecen las plantas ornamentales, aromáticas, culinarias y medicinales en bancales separados. En la terraza central, las plantas se ordenan por

Un grupo de visitantes disfruta de las flores en el Real Jardín Botánico

familia, especie y desarrollo evolutivo. Destaca un olmo conocido como *el pantalones*, porque parece unos pantalones al revés. El invernadero, inaugurado en 1993, alberga más de 1.200 especies tropicales y subtropicales. El pabellón de Villanueva y los cenadores datan del siglo XVIII y albergan exposiciones de arte y fotografía. Hay también un agradable café con terraza y una tienda de regalos.

⑨ Museo Nacional de Artes Decorativas

PLANO G4 ▪ Calle Montalbán 12 ▪ 91 532 64 99 ▪ Horario: 9.30-15.00 ma-sá, 10.00-15.00 do; sep-jun: 17.00-20.00 ju ▪ Cerrado 1 y 6 ene, 1 may, 9 nov, 24, 25 y 31 dic ▪ Se cobra entrada (gratis ju y sá tarde, do) ▪ www.culturaydeporte. gob.es/mnartesdecorativas

Situada en una mansión del siglo XIX que da al Retiro, se halla esta colección de muebles, plata, cerámica y cristalerías de la Real Fábrica de La Granja, además de joyas, tapices, relojes, juguetes e instrumentos musicales. Ordenadas cronológicamente en cuatro pisos, se disponen reconstrucciones de habitaciones que ilustran la vida doméstica española desde el siglo XVI hasta principios del XX. En la cuarta planta hay una recreación de una cocina valenciana con más de 1.600 azulejos pintados a mano.

⑩ CaixaForum

PLANO F5 ▪ Paseo del Prado 36 ▪ 91 330 73 00 ▪ Horario: 10.00-20.00 diario ▪ Se cobra entrada para las exposiciones (gratis 15 y 18 may, 9 nov) ▪ Cerrado 25 dic, 1 y 6 ene ▪ www.caixaforum.es/madrid

Está emplazado en la antigua Central Eléctrica del Mediodía, un edificio de ladrillo al que se han incorporado varias plantas con acabado exterior de hierro oxidado. Fuera hay un jardín vertical y en el interior exposiciones temporales. Se organizan conciertos, proyecciones y charlas, entre otras actividades. En la cuarta planta hay una cafetería desde la que se ve de cerca el acabado de hierro oxidado.

UN DÍA EN EL PASEO DEL PRADO

▶ MAÑANA

Comience el día en la **plaza de Cibeles** *(ver p. 79)* y eche un vistazo al magnífico vestíbulo central del **palacio de Cibeles** *(ver p. 50)*. A pesar del tráfico, se puede dar un agradable paseo por el bulevar central del paseo del Prado, con mucha sombra en verano. Como hicieran Hemingway o Dalí, disfrute de un café en el **1912 Museo Bar** *(plaza de las Cortes 7)*.

Tras pasar frente a la fachada neoclásica del **Museo Nacional del Prado** *(ver p. 79)*, se llega a la **plaza de Murillo** y el **Real Jardín Botánico**. Dedíquele al menos una hora para disfrutar al máximo de la verde tranquilidad.

Una vez que abandone el jardín, cruce el paseo del Prado y retroceda hasta la **plaza de Cánovas del Castillo** y la espléndida fuente de Neptuno, de Ventura Rodríguez. Las calles laterales están llenas de tentadores bares de tapas y restaurantes. **La Platería** *(ver p. 83)* es un buen lugar para un almuerzo ligero.

TARDE

Después de comer, tome un pequeño desvío hasta la plaza de las Cortes para admirar el pórtico del **Congreso de los Diputados** *(ver p. 82)*. De vuelta al paseo del Prado, a la izquierda, se encuentra el **Museo Nacional Thyssen-Bornemisza**, que ocupará el resto de la tarde *(ver p. 79)*. Diríjase a la plaza de Cánovas del Castillo para probar las innovadoras tapas de **Estado Puro** *(ver p. 83)*.

Ver plano en p. 78 ←

Y además...

Real Fábrica de Tapices

1 Real Fábrica de Tapices
PLANO H6 ■ Calle Fuenterrabía 2
■ 10.00-14.00 lu-vi (visitas guiadas
previa reserva) ■ Se cobra entrada
■ www.realfabricadetapices.com

Los artesanos actuales aún usan
los telares originales del siglo XVIII
(ver p. 59).

2 Puerta de Alcalá
PLANO G3

Esta puerta neoclásica fue diseñada en 1769 por Francisco Sabatini.

3 Parroquia de San Jerónimo el Real
PLANO F5 ■ Calle de Moreto 4
■ jul-med sep: 10.30-13:00 y 18:00-
20:00 lu, mi y vi; med sep-jul: 10:00-
13:00 y 17.30-19.30 diario

Las Cortes se reunieron por primera
vez en 1510 en esta histórica iglesia.

4 Casa Museo Lope de Vega
PLANO F4 ■ Calle de Cervantes
11 ■ 91 429 92 16 ■ 10.00-18.00 ma-do
(últ. acceso 17.00) ■ www.casamuseo
lopedevega.org

Un museo en la misma casa de Lope
de Vega recuerda su vida y obra.

5 Museo Naval
PLANO F4 ■ Paseo del Prado 5
■ 10.00-19.00 ma-do (ago: 10.00-15.00)
■ www.armada.mde.es

Entre las piezas importantes
del Museo Naval hay un galeón
flamenco del siglo XVI y el primer
mapa que incluía el Nuevo Mundo.

6 Museo del Ferrocarril
PLANO G6 ■ P.º Delicias 61
■ 91 539 00 85 ■ Los horarios varían,
consultar la web ■ Se cobra entrada
■ www.museodelferrocarril.org

Cuenta con una colección de loco-
motoras y es el punto de partida del
Tren de la Fresa (ver p. 61).

7 CentroCentro
PLANO F4 ■ Plaza de
Cibeles 1 ■ 10.00-20.00 ma-do
■ Se cobra entrada
■ www.centrocentro.org

La antigua Casa de Correos alberga
ahora un centro cultural con una espléndida terraza (ver p. 58).

8 Invernadero de Atocha
PLANO F6

Edificio de hierro y cristal (1880)
con un exuberante jardín tropical
(ver p. 53).

Cúpula del Observatorio Astronómico

9 Observatorio Astronómico Nacional
PLANO G6 ■ Calle de Alfonso XII, 3
■ Abierto vi-do con cita previa; consultar
la web ■ 91 506 12 61, 91 597 95 64
■ Se cobra entrada ■www.ign.es

Telescopios históricos y otros instrumentos antiguos.

10 Congreso de los Diputados
PLANO E4 ■ Calle de Floridablanca s/n
■ 91 390 65 25 ■ Solo con cita previa:
12.00 vi, 10.30-12.30 sá; sin cita: 12.00
lu ■ www.congreso.es

Destaca su pórtico y las esculturas
neoclásicas.

Dónde comer

1 Matilda Café Cantina
PLANO F5 ■ Almadén 15
■ 91 429 80 29 ■ Cerrado lu y ma
■ €

Prepara tartas y platos caseros.
Disfrute de la música clásica mientras cena.

**2 Restaurante Palacio
de Cibeles**
PLANO F4 ■ Plaza de Cibeles
1, planta 6.ª ■ 91 523 14 54
■ €€€

El premiado chef Adolfo
Muñoz prepara platos
innovadores con
ingredientes locales.
La terraza ofrece unas
buenas vistas de la ciudad
y la Cibeles.

**Restaurante
Palacio de Cibeles**

3 Horcher
PLANO F4 ■ Alfonso XII 6 ■ 91
522 07 31 ■ Cerrado sá mediodía, do
■ €€€

Uno de los restaurantes más
exclusivos de Madrid, especializado
en cocina de caza centroeuropea.

El lujoso interior de Horcher

**4 Restaurante Terraza
El Botánico**
PLANO F5 ■ Calle Ruiz de Alarcón 27
■ 91 420 23 42 ■ Cerrado lu ■ €

Cerca del Botánico, este elegante
restaurante familiar ofrece cocina
tradicional española.

5 Arzábal Restaurant
PLANO F6 ■ Edificio Sabatini,
Museo Nacional Centro de Arte Reina
Sofía, Calle de Santa Isabel 52 ■ 91 528
68 28 ■ €€

Restaurante en el Reina Sofía; sirve
cocina de temporada y cuenta con
una agradable terraza.

6 Los Gatos
PLANO E5 ■ Calle de Jesús 2
■ 91 429 30 67 ■ Cerrado lu ■ €

Decoración poco convencional en
este bar de tapas único *(ver p. 66)*.

7 Estado Puro
PLANO F5 ■ Plaza de
Cánovas del Castillo 4
■ 91 779 30 36 ■ €€

Disfrute de una comida
a primera hora en
la terraza de este
restaurante situado
cerca del Prado y del
Thyssen. Cuentan con
vinos locales y tapas
innovadoras.

8 La Platería
PLANO F5 ■ Calle Moratín 49
■ 91 429 1722 ■ €

Situado junto al paseo del Prado,
tiene una terraza donde tomar
platos de jamón ibérico, cecina
y queso de oveja.

9 Viridiana
PLANO F4 ■ Calle Juan de
Mena 14 ■ 91 523 4478 ■ Cerrado do
cena ■ €€€

El cocinero Abraham García ofrece
una carta de platos tradicionales
españoles acompañada de vinos
magníficos *(ver p. 68)*.

10 Bodegas Rosell
PLANO F6 ■ Calle General
Lacy 14 ■ 91 467 84 58 ■ Cerrado lu,
ago ■ €

Esta taberna clásica madrileña sirve
gran variedad de tapas generosas y
deliciosas, y vinos a buen precio. Se
recomienda reservar *(ver p. 67)*.

Ver plano en p. 78

TOP 10 Barrio de Salamanca y Recoletos

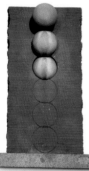

Museo de Escultura al Aire Libre

El barrio de Salamanca, uno de los más elegantes de Madrid, recibió el nombre de su fundador, José de Salamanca y Mayol (1811-1883). En la década de 1860, este marqués vio las posibilidades comerciales de la zona y la transformó con calles en forma de cuadrícula y elegantes mansiones. Inmediatamente, el nuevo barrio se hizo popular entre las clases altas que encontraban los barrios céntricos agobiantes y veían cómo sus casas iban quedándose anticuadas, sin las comodidades modernas, tales como baños con cisterna y agua caliente corriente. En la actualidad, las calles que rodean las calles de Serrano, Goya y Velázquez forman la principal zona comercial de lujo de Madrid.

1 Café Gijón
PLANO F3 ■ Paseo de Recoletos 21 ■ €€

El Gijón, lugar de encuentro de periodistas e importantes personajes del mundo de la cultura, se fundó en 1888 y es uno de los pocos cafés de tertulia literaria que sobreviven. Entre sus antiguos clientes estaban el poeta Federico García Lorca, el director de cine norteamericano Orson Welles y la famosa espía holandesa Mata Hari. Se pueden pedir tapas y bebidas en el bar o reservar una mesa para comer. Cuenta también con una agradable terraza.

2 Museo Arqueológico Nacional

La envergadura de sus fabulosas colecciones resulta sobrecogedora. La estrella de la planta principal es la *Dama de Elche*, un busto de piedra de una íbera de los siglos V-IV a.C. Tiene un espacio detrás para contener las cenizas de la difunta, según los ritos funerarios de la cultura ibérica. También destacan un suelo de mosaico romano; la corona de Recesvinto, del tesoro de Guarrazar (Toledo, siglo VII); y una cruz de marfil de la iglesia de San Isidoro, en León (1063). Los domingos hay talleres para familias, desde marzo hasta diciembre, de 11.30 a 14.30 (ver pp. 38-39).

Dama de Elche

3 Plaza de Colón
PLANO F2

Esta amplia plaza, usada a lo largo de la historia como centro de manifestaciones, conmemora el descubrimiento del Nuevo Mundo. Los tres monumentales bloques situados cerca de la calle de Serrano simbolizan las carabelas que llegaron a América en 1492. En las inmediaciones, entre los paseos del Prado y Recoletos, se levanta una escultura más convencional de Colón del siglo XIX. En su base, un relieve muestra a la reina Isabel de Castilla ofreciendo sus joyas para financiar la empresa.

Precios ver p. 91

④ Museo Lázaro Galdiano
PLANO G1 ■ Calle de Serrano 122
■ Metro Rubén Darío o Gregorio
Marañón ■ Horario: 9.30-15.00 ma-sá,
10.00-15.00 do ■ Cerrado lu, festivos
■ Se cobra entrada (gratis 14.00-15.00)

José Lázaro Galdiano (1862-1947)
era un mecenas de las artes,
coleccionista y editor, cuyo
palacete de estilo italiano es hoy
un museo que expone sus fabulosas
posesiones. Hay obras españolas de
El Greco, Velázquez y Goya y cuadros
de Constable y Gainsborough.
También se exponen bellos objetos
de arte.

Adoración de los Reyes Magos, **de El Greco**

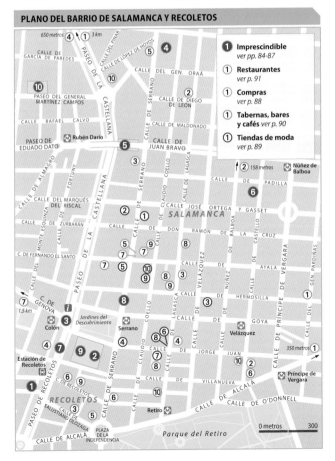

PLANO DEL BARRIO DE SALAMANCA Y RECOLETOS

❶ Imprescindible
ver pp. 84-87

① Restaurantes
ver p. 91

① Compras
ver p. 88

① Tabernas, bares
y cafés ver p. 90

① Tiendas de moda
ver p. 89

0 metros — 300

5 Museo de Escultura al Aire Libre

PLANO G1 ▪ **Paseo de la Castellana 40**

Es fácil pasar por alto este museo al aire libre, situado bajo un puente. No obstante, en su recinto se exponen obras de varios escultores modernos españoles, entre ellos Eduardo Chillida, Julio González, Joan Miró y Pablo Serrano.

6 Fundación Juan March

PLANO H1 ▪ **Calle Castelló 77**

Esta institución cultural, una de las más activas del país, fue fundada en 1955 por el banquero Juan March Ordinas para impulsar el arte contemporáneo español. Madrid comparte la colección permanente, en la que destacan artistas abstractos de la década de 1950 como Tápies, Sempere, Saura y Millares, con las sucursales de la fundación en Cuenca y Palma de Mallorca, pero su principal atractivo son las magníficas exposiciones temporales *(ver p. 63).*

7 Paseo de Recoletos

PLANO F3

Este encantador paseo fue diseñado precisamente para pasear. Los primeros cafés empezaron a aparecer en esta zona en el siglo XIX cuando el bulevar recibió el sobrenombre de Playa de Recoletos. La mayoría de los cafés originales había desaparecido en la década de 1980, cuando la movida revivió la moda de las terrazas. El Espejo, con sus

Un café en el paseo de Recoletos

EL MARQUÉS DE SALAMANCA

Este malagueño llegó a ser ministro de Hacienda a los 34 años, pero tuvo que exiliarse en Francia en 1847, debido a la enemistad que mantenía con Narváez, recién llegado al poder. Desde entonces, abandonó la política para dedicarse a los negocios de la sal, los ferrocarriles y la bolsa, pero no fue muy afortunado. Murió en su palacio madrileño de Vista Alegre, debiendo más de seis millones de reales.

azulejos pintados y adornos de hierro forjado, parece antiguo pero en realidad data de la década de 1990. El marqués de Salamanca vivió en el n.º 10.

De compras por la lujosa calle de Serrano

8 Calle de Serrano

PLANO G3

Una de las calles comerciales más elegantes de Madrid atraviesa el corazón del barrio de Salamanca. En ella, importantes diseñadores españoles como Loewe, Purificación García y Roberto Verino comparten espacio con figuras internacionales como Armani, Gucci, Yves Saint Laurent y Cartier. Pero no todo es moda: El Corte Inglés tiene sucursales en los números 47 y 52 y Agatha Ruiz de la Prada vende sus coloridos diseños en el número 27. Si se buscan regalos, se puede acudir a la tienda de Adolfo Domínguez en el número 5, donde venden joyas, accesorios y regalos. En El Corte Inglés se puede comer en uno de sus restaurantes *gourmet* (pisos 6 y 7).

(9) Biblioteca Nacional

PLANO G3 ■ Paseo de Recoletos 20-22 ■ Biblioteca: 9.00-21.00 lu-vi; museo: 10.00-20.00 lu-sá (hasta las 14.00 do y festivos)

Una de las mayores bibliotecas del mundo, fue inaugurada a finales de 1711 por Felipe V, pero abrió sus puertas en marzo de 1712 . Lleva en su ubicación actual, un inmenso edificio neoclásico del paseo de Recoletos, desde finales del siglo XIX. Lo más destacado de su colección son los 26 ejemplares del *Quijote* del siglo XVII y los dibujos y aguafuertes de artistas ilustres como Goya y Velázquez. A las salas de lectura se puede acceder con el carné de la biblioteca, y las salas de exposiciones y el museo están abiertos al público.

(10) Museo Sorolla

PLANO F1 ■ Paseo del General Martínez Campos 37 ■ Horario: 9.30-20.00 ma-sá, 10.00-15.00 do y festivos ■ Cerrado lu y algunos festivos ■ Se cobra entrada

Este museo está dedicado al artista valenciano Joaquín Sorolla y Bastida (1863-1923), que pasó aquí los últimos 13 años de su vida. Algunas habitaciones se han conservado como estaban mientras que otras se han utilizado para exponer sus obras. De estilo impresionista, sus temas son muy variados, pero lo más atrayente de Sorolla son sus evocaciones del mar. No olviden el jardín de estilo andaluz *(ver p. 49)*.

El baño del caballo (1909), de Joaquín Sorolla y Bastida

UN DÍA DE COMPRAS

▶ MAÑANA

Desde la parada de **metro de Serrano,** diríjase al sur para comenzar con algunos escaparates en la principal calle de moda del barrio de Salamanca. Gire a la izquierda en la calle de Columela, con el suculento escaparate de tartas y pasteles *(ver p. 88)* de **Mallorca,** y de nuevo a la izquierda en la calle de Claudio Coello, una encantadora calle bordeada de anticuarios y *boutiques*. No se pierda la Galería Fernando Pradilla (n.º 20), **Cristina Castañer** (n.º 51) y la *concept store* **Isolée** (n.º 55) *(ver p. 89)*. Tras cruzar Goya y continuar por la **calle de Claudio Coello** se llega a la **calle de Hermosilla.** Termine en el Centro Comercial ABC Serrano, que tiene magníficas vistas y es excelente para comer y beber algo.

Como la mayoría de las tiendas cierran de 14.00 a 17.00, es el momento perfecto para almorzar en **El Pimiento Verde-Lagasca** *(ver p. 90)*, **Restaurante O'Caldiño** *(ver p. 90)* o **Restaurante La Maruca** (calle de Velázquez 54).

TARDE

Reanude el paseo por la **calle de Jorge Juan,** que cuenta con tiendas de distintas firmas como **Pedro García** y **Paule Ka.** Si gira a la izquierda en la calle de Ayala, regresa a la calle de Serrano, donde abundan las tiendas de otros diseñadores como **Adolfo Domínguez,** y algunas de mayor tamaño, como **Zara.**

Ver plano en p. 85 ←

Compras

El Corte Inglés

1 El Corte Inglés
PLANO H2 ■ Calle de Goya 76

Esta sucursal dispone de los habituales departamentos, incluidos un salón de belleza, un restaurante y un supermercado.

2 L.A. Studio
PLANO H3 ■ Calle Castelló 8
■ www.lastudio.es

Dispone de una impresionante variedad de antigüedades y *objets d'art*, desde sofás de estilo retro y lámparas art déco, hasta pinturas al óleo originales y cubiteras de metal dorado.

3 Centro Comercial ABC Serrano
PLANO G1 ■ Calle de Serrano 61

El otro centro comercial importante del barrio de Salamanca no se queda atrás con su variedad de *boutiques*. También tiene una franquicia de la tienda de ropa para niños Neck & Neck.

4 Centro de Anticuarios Lagasca
PLANO G3 ■ Calle Lagasca 36

Los amantes del arte pueden ahorrarse el tiempo de recorrerse diversas calles en busca de tiendas especializadas visitando esta galería, que reúne a algunos de los mejores vendedores de Madrid.

5 Bombonería Santa
PLANO G1 ■ Calle de Serrano 56

Los amantes del chocolate sólo tienen que buscar esta diminuta tienda de Serrano. Su especialidad es la leña vieja (bombones con forma de tronco).

6 Pastelería Mallorca
PLANO G3 ■ Calle de Serrano 6
■ Horario: 9.00-21.00 todos los días

Esta conocida cadena de *delicatessen* ofrece una selección de quesos, jamones, dulces, tartas y helados exquisitos. Tiene un bar.

7 Frutas Vázquez
PLANO G2 ■ Calle Ayala 11

Es pequeña pero esta frutería familiar tiene las mejores frutas y verduras. Sirve a la Casa Real. Destaca su selección de frutas tropicales.

8 Mercado de la Paz
PLANO G2 ■ Calle Ayala 28
■ Horario: 9.00-20.00 lu-vi
(9.00-14.30 sá)

Merece la pena visitar el mercado de alimentación más conocido del barrio de Salamanca (ver p. 71) por sus manjares y, especialmente, por la buena selección de quesos internacionales.

El animado mercado de la Paz

9 Delivinos Urban Gourmet
PLANO G2 ■ Calle Cid 2 ■ Horario: 10.00-22.00 lu-sá, 11.00-18.00 do

Especializada en vinos y licores de primera, esta tienda *gourmet* también cuenta con otras delicias, como quesos, aceitunas y embutidos.

10 Aneko
PLANO G1 ■ Calle Castelló 15

Preciosa tienda con variedad de bonitos artículos japoneses: kimonos, bolsos, regalos y productos para la casa hechos a mano, como vasos para el sake.

Tiendas de moda

1 **Villalba**
PLANO G2 ■ Calle de Serrano 68

A Alfredo Villalba lo adoran las famosas por sus lujosos y originalísimos diseños femeninos y sus vestidos, normalmente elaborados con pedrería, aparecen habitualmente en las alfombras rojas.

2 **Isabel Marant Madrid**
PLANO F2 ■ Calle de Jorge Juan 12

Una apreciada tienda de moda que ofrece diseño de calidad para hombres y mujeres. Se puede encontrar otra sucursal cerca, en Serrano 47.

3 **NAC**
PLANO G2 ■ Calle Hermosilla 34

Una de las favoritas entre los expertos en moda, NAC selecciona los diseños de más de 50 marcas para crear un *look* urbano e informal.

4 **Loewe**
PLANO G3 ■ Calle de Serrano 26 y 34

Una de las marcas españolas que lleva más tiempo establecida; de hecho, su primera tienda en Madrid se abrió en 1846. Famosa por los accesorios, especialmente de cuero.

Interior de Loewe

5 **Roberto Verino**
PLANO G2 ■ Calle de Serrano 33

Moda y accesorios para hombre y mujer de otro de los diseñadores gallegos de fama internacional. Afirma que viste a mujeres con confianza que saben lo que quieren llevar.

6 **Pretty Ballerinas**
PLANO G3 ■ Calle de Lagasca 30

Una tienda de calzado hecho a mano especializada en zapatillas de ballet y otro calzado femenino plano. Es un negocio familiar con una historia que se remonta hasta 1918. Todos los pares de zapatos están cuidadosamente hechos en la isla de Menorca.

7 **Circo Kids'**
PLANO G3 ■ Calle de Jorge Juan 14

Bonita ropa y juguetes para niños pequeños, inspirada en diseños sencillos y sostenibles. Busque la popular colección ¨Made in Spain¨.

8 **Marcos Luengo**
PLANO G3 ■ Calle de Jorge Juan 16

Acuda aquí para explorar sus diversas colecciones. Busque los bolsos de piel, que son su artículo estrella.

9 **Cristina Castañer**
PLANO G3 ■ Calle Claudio Coello 51

Normalmente las alpargatas no se asocian con la alta costura, pero esta diseñadora heredera de una larga saga de alpargateros las ha convertido en una forma de arte. Todos los colores y estilos, desde los más informales hasta los más elegantes.

10 **Isolée**
PLANO G3 ■ Calle Claudio Coello 55

Una de las primeras *concept store* de Madrid, Isolée ofrece una combinación de moda, diseño y comida *gourmet*, todo bajo el mismo techo. Ultramoderna en todos los sentidos, desde su elegante café hasta la selección de música.

Ver plano en p. 85 ←

Tabernas, bares y cafés

 Taberna de la Daniela

Calle General Pardiñas 21 ■ Metro Goya ■ 91 575 23 29 ■ €€

Tradicional taberna (ver p. 51) decorada con azulejos conocida por su cocido madrileño.

 Tasca La Farmacia

PLANO G1 ■ Calle Diego de León 9 ■ 91 564 86 52 ■ Abierto comidas y cenas ■ €

Taberna de la Daniela

Esta antigua farmacia tiene una atractiva decoración de azulejos. La especialidad de la casa es el bacalao (ver p. 66).

3 **a.n.E.l Tapas Bar & Lounge**

PLANO F3 ■ Calle Villalar 1 ■ 91 435 51 06 ■ €

Una selección de tapas de calidad, no demasiado caras y de platos típicos. Tiene terraza.

4 **El Espejo**

PLANO F3 ■ Paseo de Recoletos 31 ■ 91 308 23 47 ■ Cerrado 24 dic ■ €

Se puede elegir entre el comedor principal o la elegante terraza. En esta última solo se sirve una carta de tapas. El pianista ameniza el ambiente en verano.

Terraza de El Espejo

5 **Cervecería José Luis**

PLANO G2 ■ Calle de Serrano 89 ■ 91 563 09 58 ■ €€

Atrae a una fiel clientela con sus tapas, que, según se dice, están entre las mejores de la ciudad. La tortilla es magnífica.

6 **El Perro y la Galleta**

PLANO H3 ■ Calle de Castelló 12 ■ 610 18 17 11 ■ €€

Cerca del Parque del Retiro (ver pp. 36-37), un restaurante que sirve tapas creativas y platos sabrosos en un ambiente acogedor.

7 **El Penta**

PLANO D2 ■ Calle Palma 4 ■ 914 47 84 60 ■ €€

Este mítico bar es un clásico de la Movida Madrileña desde 1976.

8 **O'Caldiño**

PLANO G2 ■ Calle Lagasca 74 ■ 91 575 70 14 ■ Cerrado 1 ene, 24, 25 y 31 dic ■ €€

Este restaurante gallego sirve excelente marisco en un entorno elegante desde 1973.

9 **El Pimiento Verde**

PLANO G2 ■ Calle Lagasca 43, ■ 91 074 14 54 ■ €€

Famoso por su alcachofas, esta taberna de estilo vasco también sirve bacalao, rape y filetes, junto con vinos españoles.

10 **Pinchos Elcano**

Calle Lagasca 7 ■ 91 127 25 24 ■ €€

Esta taberna en el corazón del barrio de Salamanca especializada en bocadillos, hamburguesas y exquisitos pinchos al estilo vasco.

Restaurantes

PRECIOS

Una comida de tres platos con media botella de vino, servicio e impuestos incluidos.

€ menos de 35 €€ 35-70 €€€ más de 70

1 DiverXO
Calle Padre Damián 23 ▪ 91 570 07 66 ▪ Metro Cuzco ▪ Cerrado lu ▪ €€€

Disfrute de la experiencia de un vanguardista viaje gastronómico de tres horas en este restaurante 3 estrellas Michelin *(ver p. 68)*. Tiene opciones veganas. Con reserva previa.

2 St James Juan Bravo
PLANO H1 ▪ Calle de Juan Bravo 26 ▪ 91 575 60 10 ▪ €€€

Una fantástica marisquería con una carta muy amplia, aunque muchos acuden por su famosa paella.

3 Restaurante La Trainera
PLANO G3 ▪ Calle Lagasca 60 ▪ 91 576 80 35 ▪ Cerrado do, ago ▪ €€€

Famoso por su marisco. La buena selección de vino español complementa muy bien el pescado del día.

4 Leña Madrid. Las Brasas x Dani García
PLANO F1 ▪ Hotel Hesperia, Paseo de la Castellana 57 ▪ 911 08 55 66 ▪ €€€

Uno de los restaurantes más elegantes de Madrid, del famoso chef Dani García. No hay que perderse las hamburguesas y la "Tarta di Rose".

5 Restaurante Ramses. Life
PLANO G3 ▪ Plaza de la Independencia 4 ▪ 91 435 16 66 ▪ €€

Restaurante con estilo *(ver p. 65)* que prepara una ecléctica selección de platos internacionales. La terraza está abierta todo el año.

6 Al-Mounia
PLANO G3 ▪ Calle de Recoletos 5 ▪ 91 435 08 28 ▪ €€

Restaurante marroquí con una carta a base de recetas tradicionales norteafricanas pasadas de generación en generación.

7 Ten con Ten
PLANO G2 ▪ Calle Ayala 6 ▪ 91 575 92 54 ▪ Cerrado do, festivos ▪ €€

Platos meticulosamente preparados, como la ternera con puré de patata trufado.

8 Sottosopra
PLANO G3 ▪ Calle de Puigcerd 8 ▪ 91 748 61 97 ▪ €€

Siéntese a comer deliciosa comida italiana en la encantadora terraza de Sottosopra, situada en una calle tranquila.

Interior de Ramón Freixa Madrid

9 Ramón Freixa Madrid
PLANO G3 ▪ Calle Claudio Coello 67 ▪ 91 781 82 62 ▪ Cerrado, lu, ma y do cenas, Semana Santa, ago, Navidad ▪ €€€

El famoso chef Ramón Freixa recibió su segunda estrella Michelin en 2010 *(ver p. 69)*.

10 BiBo Andalusian Brasserie & Tapas
PLANO G1 ▪ Paseo de la Castellana 52 ▪ 91 805 25 56 ▪ €€

Cocina andaluza y variada carta de vinos *(ver p. 69)*.

Ver plano en p. 85 ←

TOP 10 Centro de Madrid

El centro de Madrid comenzó a adquirir su aspecto actual a mediados del siglo XIX con la modernización de la Puerta del Sol. Esta bulliciosa intersección fue la primera en tener alumbrado eléctrico, tranvías y, en 1919, la primera estación de metro de la ciudad. Mientras, la calle de Alcalá también empezaba a transformarse en el centro de un nuevo barrio financiero: bancos y otros negocios se instalaron en los nuevos edificios. Los trabajos de construcción en la Gran Vía comenzaron en 1910, pero no se completaron hasta la década de 1940 con la remodelación de la plaza de España. Para dejar sitio a este bulevar con 1.315 m de largo y un diseño pensado para el tráfico rodado, se demolieron más de 300 edificios y

El oso y el madroño, símbolo de la ciudad

desaparecieron 14 calles. La nueva avenida reflejaba los gustos arquitectónicos americanos de la época, con rascacielos, cines, hoteles, teatros y restaurantes.

CENTRO DE MADRID

1 Puerta del Sol
PLANO N4

Diez calles salen de esta plaza elíptica, que para la mayoría de los madrileños es el verdadero corazón de la ciudad. La puerta que le dio nombre fue demolida en 1570. De los numerosos acontecimientos históricos que han tenido lugar aquí, el más dramático sucedió durante la insurrección de 1808 cuando unos francotiradores dispararon a un soldado de Napoléon, lo que provocó una sangrienta respuesta. Dominando el extremo sur de la plaza está la Casa de Correos del siglo XVIII, una oficina de correos que más tarde se convirtió en Ministerio del Interior y hoy es la sede del gobierno regional. En la acera de este edificio se sitúa una baldosa que indica el kilómetro cero desde el que se calculan todas las distancias del país. En el centro de la plaza hay una estatua de Carlos III, y al inicio de la calle Alcalá, la estatua de bronce de *El oso y el madroño,* el símbolo de la ciudad.

2 Real Casa de la Aduana
PLANO P4 ■ Calle de Alcalá 5, 7, 9 y 11 ■ Cerrado al público

La Real Casa de la Aduana fue uno de los pilares del plan de Carlos III para mejorar la apariencia de la ciudad. En 1761 se demolieron los establos de la reina y 16 casas para dejar espacio a la obra maestra neoclásica de Francisco Sabatini. Sólo en la fachada, entre cuyos motivos decorativos hay columnas con sillares y un balcón con el escudo de armas real, se invirtieron enormes cantidades de dinero. Actualmente está ocupada por el Ministerio de Hacienda.

Real Casa de la Aduana

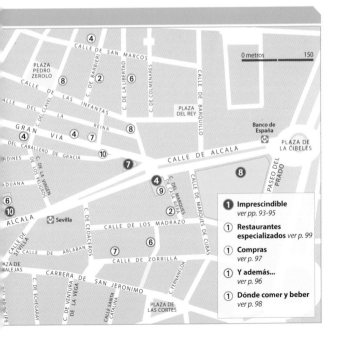

1 **Imprescindible**
ver pp. 93-95

1 **Restaurantes especializados** ver p. 99

1 **Compras**
ver p. 97

1 **Y además...**
ver p. 96

1 **Dónde comer y beber**
ver p. 98

③ Real Academia de Bellas Artes de San Fernando

PLANO P3 ■ Calle de Alcalá 13
■ **Horario:** 10.00-15.00 ma-do y festivos
■ **Cerrado** lu ■ **Se cobra entrada**

El palaciego edificio de la Academia de Bellas Artes, fundada en el siglo XVIII, alberga una colección de cuadros clásicos sólo superada por el Prado y el Thyssen-Bornemisza. Entre las pinturas destacan los Goyas, incluida la famosa *El entierro de la sardina*. Dispone de un impresionante conjunto de obras de maestros europeos como Bellini, Tintoretto, Van Dyck, Rubens y Tiziano. Picasso y Dalí estudiaron aquí.

El concurrido Círculo de Bellas Artes

④ Círculo de Bellas Artes

PLANO R3 ■ Calle de Alcalá 42 ■ **Horario:** 9.00-19.00 lu-ju (hasta 17.00 vi); exposiciones: 11.00-14.00 y 17.00-21.00 ma-do ■ **Cerrado** 1 ene, 24, 25 y 31 dic; exposiciones: ago ■ **Se cobra entrada**

Esta institución cultural, que vivió su edad de oro en las décadas de 1920 y 1930, desarrolla en la actualidad numerosas actividades. El Círculo impulsa la cultura española y mundial con exposiciones, producciones de teatro y ballet, películas, talleres y conferencias. Dispone de una revista y de una emisora de radio.

ERNEST HEMINGWAY

El famoso escritor estadounidense llegó a Madrid en marzo de 1937, encontrándose con una ciudad sitiada. Se alojaba en el desaparecido hotel Florida, en la plaza del Callao. Tenía que esquivar los proyectiles y balas en Gran Vía cuando se dirigía al edificio de Telefónica a entregar sus artículos.

---

⑤ Edificio Telefónica

PLANO P2 ■ Gran Vía 28
■ **Horario:** 10.00-20.00 ma-do
■ **Cerrado** lu, 1 y 6 ene, 25 dic, festivos

Este edificio, el más emblemático de Telefónica, fue la primera construcción alta de Madrid. Diseñado por el arquitecto estadounidense Lewis Weeks y erigido por Ignacio de Cárdenas en 1929, refleja los valores de la Escuela de Chicago, muy de moda entonces. El edificio desempeñó un papel importante en la Guerra Civil cuando el ejército republicano lo utilizó como centro estratégico de comunicación y propaganda. En el otro bando, las fuerzas de Franco lo consideraba un telémetro ideal para su artillería. La Fundación Telefónica es responsable de una exposición que recorre la historia de la telecomunicación. Además posee una espléndida colección de arte con obras de Picasso, Juan Gris y Antoni Tàpies. En la planta baja se organizan exposiciones temporales.

⑥ El Corte Inglés

PLANO N3 ■ Calle Preciados 3

La vida del fundador del primer gran almacén español, Ramón Areces Rodríguez, sigue la historia del pobre que se hace rico. Rodríguez emigró a Cuba con 15 años y trabajó como vendedor antes de regresar a España en 1934. Al año siguiente, abrió una pequeña sastrería en la calle de Preciados y ya no dejó de crecer. Hoy es casi imposible salir y no ver sus distintivas bolsas blancas con el logotipo verde. Hay más de media docena de sucursales en la capital.

⑦ Edificio Metrópolis

PLANO R3 ■ Esquina de las calles Gran Vía y Alcalá

La compañía de seguros La Unión y el Fénix, propietaria original de este característico edificio de Madrid, fue quien encargó la impresionante estatua de la cúpula. Conocida como Ave Fénix, representa el pájaro mitológico que resurgía de sus propias cenizas. Cuando la compañía Metrópolis se trasladó al edificio, heredó la escultura (ver p. 50).

Fachada del Banco de España

8 Banco de España
PLANO F4 ■ Calle de Alcalá 48

El Banco de España se fundó en 1856 y en 1874 conseguía el monopolio de emisión de billetes de banco en su nombre. La parte más impresionante de esta sede es la sección de esquina, decorada con una típica ornamentación neobarroca, un reloj de mármol y el distintivo globo dorado. Las reservas de oro se guardan en las cámaras situadas bajo la plaza de Cibeles *(ver p. 79)*. Además del dorado metal, el principal tesoro del banco es su colección de arte, con obras desde Goya hasta Tàpies. Sólo se puede visitar pidiendo cita por escrito al banco.

9 Plaza del Callao
PLANO M2

El aspecto de esta plaza refleja la arquitectura modernista de los años treinta americanos. Son buenos ejemplos la fachada curva de estilo *art déco* del edificio Callao (n.º 3), el Palacio de la Prensa (n.º 4), antigua sede de la Asociación de la Prensa, y el Palacio de la Música *(Gran Vía 35)*, que alberga el Cine Capitol *(ver p. 96)* y el Hotel Vincci Capitol *(Gran Vía 41)*.

10 Casino de Madrid
PLANO Q3 ■ Calle de Alcalá 15

Este exclusivo club social se fundó en 1910. La arquitectura es típica de la época. No se escatimó en gastos en el espléndido interior, que no suele estar abierto al público. Los no socios pueden acceder al restaurante La Terraza del Casino, premiado con dos estrellas Michelin.

Casino de Madrid

UN DÍA POR EL CENTRO DE MADRID

▶ MAÑANA

Inicie el paseo junto a la Casa de Correos, en la **Puerta del Sol** *(ver p. 93)*, un popular lugar de encuentro entre los madrileños. Siguiendo por la bulliciosa calle de Alcalá, se pueden apreciar los hermosos ejemplos de la arquitectura de los siglos XVIII y XIX. Dos de ellos, a la izquierda, son la **Real Casa de la Aduana** y la **Real Academia de Bellas Artes de San Fernando**. Reserve tiempo para visitar este museo, a menudo pasado por alto, con su colección de cuadros de gran calidad. En la puerta contigua se levanta la llamativa fachada del **Casino de Madrid**.

Un poco más abajo del encuentro de **Gran Vía** *(ver p. 73)* con Alcalá, se sitúa el **Círculo de Bellas Artes**, donde se puede tomar un café. Al regresar a la Gran Vía, mire hacia arriba para contemplar el **Edificio Metrópolis**.

Para comer, diríjase hacia la calle de Hortaleza y luego a la calle de la Reina. En el n.º 29 se encuentra **La Barraca**, famosa por sus paellas.

TARDE

Tras la comida, de regreso a la Gran Vía *(ver p. 73)*, camine hasta la plaza del Callao. La calle de Preciados, peatonal, está dominada por dos grandes centros comerciales, **FNAC** *(ver p. 97)* y **El Corte Inglés** *(ver p. 94)*. Después de recorrer tranquilamente las tiendas, regrese al inicio del paseo: la Puerta del Sol.

Ver plano en pp. 92-93 ◀

Y además...

① Café Berlín
PLANO L3 ■ Costanilla de los Ángeles 20 ■ Cerrado lu

Uno de los mejores locales de Madrid para escuchar música en directo, con un programa que abarca desde salsa hasta reggae pasando por el jazz y el flamenco. A los conciertos les siguen sesiones de DJ.

② Cine Estudio Círculo de Bellas Artes
PLANO E4 ■ Calle Marqués Casa Riera 4 ■ Cerrado ago

En el cine del Círculo de Bellas Artes (ver p. 94) se proyectan grandes obras del séptimo arte reunidas en distintos ciclos. Generalmente las películas se ofrecen en versión original con subtítulos en español.

③ Palacio de Gaviria
PLANO D4 ■ Calle del Arenal, 9

Esta joya arquitectónica palaciega del siglo XIX fue una discoteca entre 1991 y 2011. En 2017, tras una reforma, reabrió bajo la dirección de la compañía italiana Arthemisia, que organiza exposiciones temporales y permanentes.

④ Centro Cultural del Ejército (Casino Militar)
PLANO Q3 ■ Gran Vía 13

Este elegante edificio, inaugurado en 1916, tiene un aire modernista y es la sede de una asociación cultural militar. Sus salones se usan para conciertos y espectáculos de danza.

⑤ Cine Capitol
PLANO M2 ■ Gran Vía 41

Ubicado en el edificio Carrión, de estilo *art déco*. A comienzos de la Guerra Civil, proyectó la película de Dzigan *Los marineros del Kronstadt* sobre la resistencia de Petrogrado para un público que incluía al presidente de la República y a importantes mandos militares. Tiene tres salas.

⑥ Teatro de la Zarzuela
PLANO R4 ■ Calle Jovellanos 4

Construido para la representación de zarzuela, este teatro también ofrece ópera internacional, recitales y otros eventos (ver p. 62).

⑦ Museo ICO
PLANO P3 ■ Calle de Zorrilla 3 ■ Cerrado lu

Museo moderno con exposiciones sobre arquitectura y urbanismo. Ofrece visitas guiadas y talleres.

⑧ Sala El Sol
PLANO P3 ■ Calle de los Jardines 3 ■ Cerrado lu y do

En este local se vivió el cambio cultural que supuso la movida en la década de 1980. Se organizan conciertos internacionales y nacionales.

⑨ Calle Preciados
PLANO N3-N4

Una de las calles comerciales más populares del centro, en esta arteria peatonal están El Corte Inglés, la FNAC y Zara, entre otras tiendas.

⑩ Iglesia de Nuestra Señora del Carmen
PLANO N3 ■ Calle del Carmen 10

Esta iglesia de principios del siglo XVII alberga una venerada imagen de la Virgen, que el día del Carmen, el 16 de julio, sacan en procesión. También posee una figura barroca de Cristo yacente.

Interior de Nuestra Señora del Carmen

Compras

1 **Zara**
PLANO N2 ■ Gran Vía 34

Zara, el fenómeno de la moda española, es hoy una marca muy conocida en Europa, América y Asia. Ropa moderna a precios razonables.

Fachada de la FNAC

2 **FNAC**
PLANO N3 ■ Calle Preciados 28

Este gigantesco comercio, a sólo unos minutos a pie de la Puerta del Sol, vende de todo, desde discos y equipos de sonido hasta cámaras, DVD, libros y teléfonos móviles. Personal amable en planta. Tiene una programación mensual de actividades culturales que se puede consultar en la planta baja.

3 **El Horno de San Onofre**
PLANO P2 ■ Calle San Onofre 3

La decoración de esta tradicional panadería madrileña roza lo palaciego. Los productos son excelentes: todo tipo de pan, además de especialidades como el roscón de Reyes (ver p. 75) y el turrón.

4 **Tienda oficial del Real Madrid**
PLANO N4 ■ Calle del Carmen 3

Lugar de peregrinaje para los seguidores del Real Madrid, esta tienda vende equipamiento deportivo, balones y todo tipo de regalos.

5 **02 Lifestyle Zone**
PLANO N3 ■ Calle del Carmen 16

En esta tienda venden joyas y accesorios llamativos. En la primera planta hay regalos originales.

6 **Librería La Central de Callao**
PLANO C3 ■ Calle del Postigo de San Martín 8

Esta librería y centro cultural ocupa tres plantas y tiene café-restaurante (El Bistró) y una coctelería (El Garito), además de ofrecer numerosas actividades culturales.

7 **Loewe**
PLANO E4 ■ Gran Vía 8

Para los amantes de la firma española Loewe, en Gran Vía 8 se encuentra la primera tienda, que se inauguró en 1939. En los libros de visita hay firmas de personajes famosos como Grace Kelly.

8 **Desigual**
PLANO M3 ■ Calle Preciados 25

Marca de ropa española poco convencional especializada en un estilo colorido para hombres, mujeres y niños.

Fachada de la Antigua Relojería

9 **Antigua Relojería**
PLANO M4 ■ Calle La Sal 2

Fundada en 1880, esta relojería conserva en su interior el mobiliario de madera original de la década de 1930. En el exterior hay un reloj con un llamativo relojero.

10 **Grassy**
PLANO R3 ■ Gran Vía 1

Esta famosa joyería ocupa uno de los edificios emblemáticos de la Gran Vía, que data de 1916. Los brillantes escaparates de artículos de diseño original son igualmente distinguidos.

Ver plano en pp. 92-93

Dónde comer y beber

1 Casa Labra
PLANO N4 ■ Calle
Tetuán 12 ■ 91 531 00 81 ■ €
Aquí fundó Pablo Iglesias
el Partido Socialista
Obrero Español en 1879.
Pruebe la especialidad de la
casa: los *soldaditos de pavía*
(bacalao frito) *(ver p. 67)*.

Tapa del Fatigas del Querer

2 Restaurante Vegetariano Artemisa
PLANO P3 ■ Calle Tres Cruces 4
■ 91 521 87 21 ■ €
Este restaurante vegano y sin gluten
ofrece imaginativos platos junto con
vinos ecológicos y tés.

3 El Escarpín
PLANO M3 ■ Calle Hileras 17
■ 91 559 99 57 ■ €
Esta taberna asturiana sirve
especialidades regionales de
calidad, como la fabada y el chorizo
a la sidra.

4 Museo Chicote
PLANO Q3 ■ Gran Vía 12
■ 91 532 67 37 ■ €€
Ernest Hemingway frecuentó este
bar de cócteles en la década de
1930; Frank Sinatra y Orson Welles
fueron algunos de sus clientes
famosos *(ver p. 64)*.

Cócteles y tapas del Museo Chicote

5 Fatigas del Querer
PLANO P4 ■ Calle Cruz
17 ■ 91 523 21 31 ■ €
Evocadora y animada
taberna andaluza con una
amplia variedad de tapas,
raciones, jamón ibérico,
marisco y *pescaíto* frito *(ver
p. 51)*.

6 La Terraza del Casino
PLANO Q3 ■ Calle de Alcalá 15
■ 91 532 12 75 ■ Cerrado lu, do y
festivos ■ €€€
Este restaurante dirigido por el
cocinero Paco Roncero tiene dos
estrellas Michelin. Cuenta con una
terraza con vistas panorámicas y una
de las mejores cocinas del país. Se
requiere ropa formal y no pueden
entrar menores de 12 años.

7 Yerbabuena
PLANO M4 ■ Calle de
Bordadores 3 ■ 91 599 48 05
■ Cerrado do noche ■ €
Luminoso y animado café que ofrece
comida vegetariana, vegana y para
personas celíacas. Postres deliciosos.

8 La Terraza de Óscar
PLANO E3 ■ Hotel Room Mate
Óscar, plaza de Pedro Zerolo 12
■ 91 701 10 69 ■ €€
Una coctelería que ofrece excelentes
vistas del horizonte de Madrid.

9 Museo del Jamón
PLANO P4 ■ Carrera de San
Jerónimo 6 ■ 91 521 03 46 ■ €
Se puede comprar embutidos y
quesos en la charcutería, tomar algo
en la barra o hacer una comida
completa.

10 Prioritè Art Coffee Shop
PLANO R3 ■ Calle Montera 42
■ 91 531 40 37 ■ €
Cafetería donde se puede tomar una
bebida y un tentempié a precios asequibles al mismo tiempo disfrutar
de las obras de arte de sus paredes.

Restaurantes especializados

El comedor de El Buda Feliz 1974

 El Buda Feliz 1974
PLANO D3 ▪ Calle Tudescos 5
▪ 91 531 94 24 ▪ €

El restaurante chino más antiguo de Madrid tiene un interior agradable y sirve platos tradicionales y de fusión muy bien presentados. Sus platos estrella son la sopa de *wonton,* el pollo al limón y el pato laqueado.

2 Zara
PLANO R2 ▪ Calle Barbieri 8
▪ 91 532 20 74 ▪ Cerrado: lu, do, festivos, ago ▪ €

Situado junto a la Gran Vía, Zara es un lugar de encuentro para los exiliados cubanos desde los sesenta. Platos típicos caribeños como la ropa vieja (carne guisada con salsa de tomate). Excelentes daiquiris.

3 Takos al Pastor
PLANO N3 ▪ Calle de la Abada 2 ▪ 636 63 21 77 ▪ Cerrado lu ▪ €

Este local de tacos siempre está lleno. A solo 1 € el taco, descubrirá sabores auténticos mexicanos en cada bocado. Acompañe su comida con una michelada picante (cerveza con zumo de clamato).

4 Aguapanela Restaurante Colombiano
PLANO E3 ▪ Calle de San Marcos 26 ▪ 91 057 35 57 ▪ €

Sabores colombianos en el centro de Madrid, con un ambiente animado con unos cócteles deliciosos.

5 La Pulpería de Victoria
PLANO P4 ▪ Calle Victoria 2
▪ 91 080 49 29 ▪ €

Las especialidades de este restaurante gallego incluyen pulpo y empanada.

6 Restaurante Momo
PLANO E3 ▪ Calle de la Libertad 8 ▪ 91 532 73 48
▪ €€

Un restaurante mediterráneo con excelentes opciones vegetarianas, veganas y sin gluten, además de unos postres maravillosos.

7 La Venganza de Malinche
PLANO P3 ▪ Calle Jardines 5
▪ 91 523 41 64 ▪ €

Una buena selección de tacos picantes, burritos y otras especialidades mexicanas. Tienen una margarita única.

8 Yakitoro
PLANO E4 ▪ Calle Reina 41
▪ 91 737 14 41 ▪ €

Un local muy popular, dirigido por el famoso chef Alberto Chicote, en el que a veces se forman largas colas. Fusión española-japonesa.

9 La Pecera
PLANO R3 ▪ Calle de Alcalá 42
▪ 91 531 33 02 ▪ €

Disfrute de un apetitoso desayuno, comida o cena en el café restaurante del Círculo de Bellas Artes *(ver p. 50).*

10 Lhardy
PLANO P4 ▪ Carrera de San Jerónimo 8 ▪ 91 522 22 07 ▪ Cerrado do y festivos noche ▪ €€

Fundado en 1839 por un chef suizo-francés, tienen excelentes tapas en la planta baja *(ver p. 68).*

Ver plano en pp. 92-93

🔟 El Madrid de los Austrias

Pasear por esta parte de Madrid supone tener presente constantemente la estrecha relación de la ciudad con la realeza. El magnífico monasterio de las Descalzas Reales y el monasterio de la Encarnación fueron fundaciones reales de la época de los Habsburgo (1516-1700), mientras que las obras del impresionante Palacio Real comenzaron en el reinado de Felipe V (1700-1725). José Bonaparte fue rey de España durante cinco años (1808-1813) y dejó su huella, ideando la construcción de la plaza de Oriente. La ermita de San Antonio de la Florida, un poco retirada, fue encargada por Carlos IV.

Virgen del monasterio de las Descalzas Reales

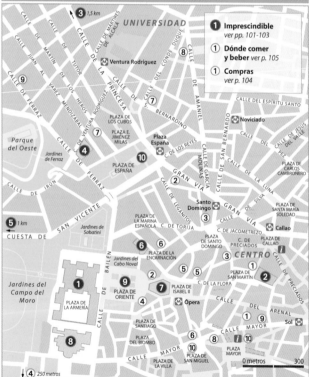

MADRID DE LOS AUSTRIAS

UNIVERSIDAD

🔵 Ventura Rodríguez

1 **Imprescindible**
ver pp. 101-103

1 **Dónde comer y beber** *ver p. 105*

1 **Compras** *ver p. 104*

PLAZA DE LOS CUBOS
PLAZA E. JIMÉNEZ MILAS
Plaza España
🔵 Noviciado

Parque del Oeste
Jardines de Ferraz

PLAZA DE ESPAÑA

GRAN VIA

PLAZA DE CARLOS CAMBRONERO

PLAZA DE SANTA MARÍA SOLEDAD

🔴 **5** 1 km

Santo Domingo 🔵

Jardines de Sabatini

CUESTA DE

PLAZA DE LA MARINA ESPAÑOLA
C. DE TORIJA

PLAZA DE SANTO DOMINGO
🔵 Callao
PLAZA DE CALLAO

CENTRO

PLAZA DE LA ENCARNACIÓN

Jardines del Campo del Moro

Jardines del Cabo Noval

PLAZA DE SAN MARTÍN

PLAZA DE ORIENTE

PLAZA DE ISABEL II

C. DE LA FLORA

🔵 Ópera

PLAZA DE LA ARMERÍA

PLAZA DE SANTIAGO

CALLE DEL ARENAL

Sol 🔵

PLAZA DEL BIOMBO

CALLE MAYOR

PLAZA MAYOR

PLAZA DE SAN MIGUEL

PLAZA DE LA VILLA

0 metros   300

🔴 **4** 250 metros

① Palacio Real

El magnífico Palacio Real domina el paisaje *(ver pp. 12-15)*.

② Monasterio de las Descalzas Reales

PLANO M3 ▪ Plaza de las Descalzas Reales S/N ▪ Horarios: 10:00-14:00 y 16:00-18:30 ma-sá; 10.00-15.00 do ▪ Se cobra entrada ▪ www.patrimonio nacional.es

Este convento del siglo XVI es un remanso de paz en las inmediaciones de las ruidosas y concurridas Puerta del Sol y Gran Vía. El edificio era un palacio propiedad del tesorero real Alonso Gutiérrez, quien en 1555 lo vendió a la hija de Felipe II, Juana de Austria, que fundó un convento cuatro años después. Las monjas pertenecían a la orden franciscana pero procedían de familias nobles, por lo que se las conocía como "descalzas reales". Alberga un fascinante museo con obras de arte donadas por las familias de las monjas.

③ Museo de América

Avenida Reyes Católicos 6 ▪ 91 549 26 41 ▪ Horario: 9.30-15.00 ma-sá (hasta 19.00 ju), 10.00-15.00 do y festivos ▪ Cerrado 1 y 6 ene, 1 may, 24, 25 y 31 dic y una fiesta local ▪ Se cobra entrada (gratis do y ju después de 14.00) ▪ www.culturaydeporte.gob.es/museodeamerica

La historia de las relaciones entre España y el continente americano es larga y en este museo se exponen objetos de todas sus épocas, incluidas cerámica, arte y telas *(ver p. 48)*.

Museo de América

Una sala del Museo Cerralbo

④ Museo Cerralbo

PLANO J1 ▪ Calle Ventura Rodríguez 17 ▪ Horario: 9.30-15.00 ma-sá, 17.00-20.00 ju, 10.00-15.00 do y festivos ▪ Cerrado lu, 1 y 6 ene, 1 may, 9 nov, 24, 25 y 31 dic ▪ Se cobra entrada (gratis do, sá 14:00-15:00, ju 17:00-20:00) ▪ www.culturaydeporte.gob.es/mcerralbo

Don Enrique de Aguilera y Gamboa, marqués de Cerralbo (1845-1922), fue poeta, político y un coleccionista que recorrió el mundo en busca de tesoros artísticos para adornar su casa palaciega y que donó su colección al Estado. Destacan un nacimiento de mayólica del artista renacentista Andrea della Robbia (salón Estufa) y el *Éxtasis de san Francisco* de El Greco (sacristía), pero la joya es la *Alegoría de la danza* de Juderías Caballero, en la cúpula del salón de baile *(ver p. 48)*.

⑤ Ermita de San Antonio de la Florida

Glorieta de San Antonio de la Florida 5 ▪ 91 542 07 22 ▪ Horario: med jun-med sep: 9.30-14.00, 15:00-19:00 ma-do; sep-jun: 9:30-20:00 ma-do ▪ Cerrado lu y festivos ▪ www.madrid.es/ermita

Dedicada a san Antonio de Padua, esta ermita se finalizó en 1798. Goya empezó a trabajar en los frescos en junio y en diciembre de ese mismo año ya estaban terminados. Todos los años el 13 de junio, por San Antonio, las solteras se acercan hasta la ermita para pedirle al santo que les encuentre un novio.

6 Monasterio de la Encarnación

PLANO K3 ■ Plaza de la Encarnación 1 ■ Horario: 10.00-14.00 y 16.00-18.30 ma-sá (hasta 15.00 do) ■ Se cobra entrada (gratis mi y ju 16.00-18.00 ■ www.patrimonionacional.es

Margarita de Austria, esposa de Felipe III, fundó este convento en 1611 para acoger a las hijas de los nobles. También era la iglesia del alcázar; una galería con pinturas unía ambos edificios. Por desgracia, cuando el palacio se incendió en 1734, las llamas se extendieron al convento y se perdieron muchos de sus tesoros. Sin embargo, se han conservado gran cantidad de ellos: cuadros del siglo XVII de Ribera y Luca Giordano; impresionantes esculturas como el *Cristo yacente* de Gregorio Fernández; vestiduras bordadas y objetos de oro y plata. Las visitas guiadas incluyen en su recorrido el claustro decorado con azulejos de Talavera; el relicario, donde se guarda la ampolla con la sangre de san Pantaleón, la sillería tallada del coro y la iglesia.

7 Teatro Real

PLANO K3 ■ Plaza Isabel II ■ Horario de visitas guiadas: 10.00-15.30 diario ■ Cerrado 1 ene, ago y 25 dic ■ Se cobra entrada (gratis menores de 5 años) ■ www.teatroreal.es

A lo largo de los años este edificio ha pasado por varias remodelaciones. Ya en su construcción sufrió tantos retrasos que el arquitecto, Antonio López Aguado, murió mucho antes de inaugurarse oficialmente en 1850, el día del cumpleaños de la reina

Exterior del teatro Real

LA VIRGEN DE LA ALMUDENA

Un nicho en el muro cercano a la catedral de la Almudena contiene una imagen de la Virgen (*abajo*). Cuenta la leyenda que la pintura original se escondió de los musulmanes en el siglo VIII. Más de 300 años después, se redescubrió en el reinado de Alfonso VI, cuando se cayó parte de la muralla de la ciudad. El 9 de noviembre la imagen sale de la catedral y se pasea en solemne procesión (*ver p. 75*).

Isabel II. En 1863 Giuseppe Verdi escribió su ópera *La fuerza del destino* para el teatro Real (el compositor italiano se alojó en el n.º 6 de la plaza de Oriente). Las dimensiones del teatro remodelado son verdaderamente impresionantes: la zona entre bastidores es suficientemente grande para albergar el edificio de Telefónica, situado en la Gran Vía (*ver p. 64*).

8 Catedral de la Almudena

PLANO J4 ■ Calle Bailén 10 ■ Horario jul-ago: 10:00-21:00; sep-jun: 10.00-20.00 todos los días ■ Museo y cúpula: 10.00-14.30 lu-sá ■ Se cobra entrada ■ www.catedraldelaalmudena.es

Ya en el siglo XVIII existía la intención de construir una catedral en este magnífico solar, pero hasta 1879 el marqués de Cubas no recibió el visto bueno para su ambicioso diseño; incluso entonces, sólo se construyó la cripta de estilo románico. El arquitecto Fernando Chueca Goitia terminó la catedral en la década de 1980 y el papa Juan Pablo II la consagró en 1993. Sorprende su interior neogótico pues el exterior es de estilo neoclásico, para que armonice con el

Palacio Real. Desde su doble cúpula hay preciosas vistas de la ciudad. Las puertas de bronce se instalaron en octubre de 2000.

9 Plaza de Oriente
PLANO K3

El punto central es la estatua ecuestre de bronce de Felipe IV, trasladada aquí desde el casón del Buen Retiro en 1842. El escultor, Pietro Tacca, pidió consejo a Galileo para modelar el caballo a dos patas y conseguir mantenerlo en equilibrio. Para la figura del rey se basó en bocetos de Velázquez. Las estatuas de monarcas españoles se realizaron para la balaustrada del Palacio Real, pero el proyecto no obtuvo la aprobación del rey.

10 Plaza de España
PLANO K1

La plaza, situada al final de la Gran Vía, está dominada por los primeros rascacielos de Madrid, construidos en la década de 1950, y ampliamente remodelada en 2021. En el centro hay un monumento a Cervantes, con las figuras de bronce de don Quijote y Sancho Panza. Al oeste de la plaza se halla el templo de Debod, erigido en el siglo II a.C. cerca de Asuán, en Egipto, y trasladado aquí en 1972. La plaza ya reformada se reabrió a principios de 2022 y conecta ocho lugares históricos de la ciudad.

Plaza de España

UN DÍA EN EL MADRID DE LOS AUSTRIAS

▶ MAÑANA

Comience el día en la **plaza de Isabel II,** que reinó de 1833 a 1868 y cuya estatua se levanta en el centro, y desde ella admire la fachada del **teatro Real.** Siguiendo por la calle de Felipe V a lo largo del teatro se desemboca en la **plaza de Oriente,** dominada por el **Palacio Real** *(ver p. 101).* Merece la pena dedicar una hora a visitar el palacio, que ocasionalmente cierra para celebrar actos oficiales.

Hay muchos lugares para comer alrededor de la plaza de Oriente, por ejemplo, el **Café de Oriente** *(ver p. 105).* Una placa en la fachada recuerda que en esta casa el pintor Velázquez tuvo su estudio.

TARDE

Después de comer pasee hasta el **templo de Debod.** Este templo, que se refleja en las aguas del estanque que lo rodea, fue un regalo del gobierno egipcio en la década de 1970. Continúe hasta los tranquilos senderos del **parque del Oeste** *(ver p. 52),* donde se halla el **Teleférico de Madrid** *(ver p. 61),* que lleva a la **Casa de Campo** *(ver p. 53).* Desde la terminal, hay que caminar unos 30 minutos por el parque para llegar al lago (indicado), donde se puede alquilar una barca de remos o disfrutar de una bebida en una de sus cafeterías.

Ver plano en p. 100 ←

Compras

Vinilos a la venta en La Metralleta

1 La Metralleta
PLANO M3 ▪ Plaza San Martín 1-B

Esta surtida tienda está especializada en discos de segunda mano. Ofrecen música para todos los gustos y de todas las épocas y el personal es amable y entendido.

2 Cántaro
PLANO L1 ▪ Calle Flor Baja 8

Un tesoro para los amantes de la cerámica y un excelente lugar para comprar regalos. Hay objetos a precios muy razonables.

3 Antigua Casa Talavera
PLANO L2 ▪ Calle Isabel La Católica 2

Los que se hayan quedado boquiabiertos con la cerámica de Talavera del siglo XVIII que hay en el Palacio Real descubrirán que los descendientes de aquellos artesanos no han perdido su maestría. Ofrece una amplia gama de jarras, platos, tazas y mucho más, todo pintado a mano (ver p. 70).

4 Guitarras Manuel Contreras
PLANO A5 ▪ Calle Segovia 57

Histórico taller donde los expertos vienen a comprar instrumentos hechos artesanalmente (ver p. 70).

5 Flamencoexport
PLANO C4 ▪ Calle de Campomanes 4

Este vistoso negocio (ver pp. 70-71) tiene de todo lo relacionado con el flamenco: vestidos, chales, guitarras, castañuelas, discos compactos, música y libros.

6 La Chinata
PLANO L4 ▪ Calle Mayor 44

Una excelente tienda *gourmet* con gran variedad, desde productos de belleza, a aceites o velas, a precios razonables.

7 Ocho y Medio
PLANO J1 ▪ Calle Martín de los Heros 11

Esta librería especializada en cine, llena de libros, carteles, postales y mucho más artículos, es un tesoro para los amantes del séptimo arte.

8 Kukuxumusu
PLANO L4 ▪ Calle Mayor 47

Esta marca nació en los Sanfermines de 1989, cuando tres amigos comenzaron a vender camisetas con sus diseños. Gracias a su humor y color sus productos se comercializan en toda Europa.

9 El Riojano
PLANO M4 ▪ Calle Mayor 10

En esta atractiva pastelería al viejo estilo, fundada en 1855, compra nada menos que la familia real. Aquí se pueden encontrar especialidades madrileñas de temporada como el tocino de cielo.

10 Casa Yustas
PLANO M4 ▪ Plaza Mayor 30

La fundación de esta tienda de sombreros se remonta a 1886. Podemos encontrar uno para cada ocasión, desde bombines a sombreros panamá o gorras y beisboleras. Son sobre todo de hombres pero también cuentas con algunos para mujeres y niños, así como guantes y accesorios militares.

Dónde comer y beber

 Chocolatería San Ginés
PLANO M4 ■ Pasadizo de San Ginés 5 ■ 91 365 65 46 ■ €

Este lugar es ideal para tomar un chocolate con churros.

 Taberna del Alabardero
PLANO K3 ■ Calle de Felipe V, 6 ■ 91 547 25 77 ■ €€

Se puede tapear en el bar a base de jamón ibérico o croquetas o almorzar comida vasca en el restaurante (ver p. 66).

3 Restaurante Sidrería Casa Parrondo
PLANO D3 ■ Calle de Trujillos 9 ■ 91 522 62 34 ■ €€

Una taberna que sirve marisco capturado en la bahía de Vizcaya, además de fabada asturiana y la clásica sidra natural.

Lujoso interior del Café de Oriente

4 Café de Oriente
PLANO K3 ■ Plaza de Oriente 2 ■ 91 541 39 74 ■ €€

Café con asientos de terciopelo, techo de estuco y terraza de verano.

5 Entre Suspiro y Suspiro
PLANO L3 ■ Calle Caños del Peral 3 ■ 91 542 06 44 ■ Cerrado: do, 22 y 25 dic ■ €€

Entre los creativos platos mexicanos se incluye el *pollo al mole,* pechuga en salsa de chocolate con 32 condimentos diferentes *(mole).*

 Taberna La Bola
PLANO L2 ■ Calle de la Bola 5 ■ 91 547 69 30 ■ Cerrado: do noche, 24 dic ■ No aceptan tarjetas de crédito ■ €

La Bola tiene un comedor original del siglo XIX. Su especialidad es el cocido servido en pucheros de barro.

PRECIOS
Una comida de tres platos con media botella de vino, servicio e impuestos incluidos.

€ menos de 35 €€ 35-70 €€€ más de 70

7 El Jardín Secreto
PLANO R3 ■ Calle Conde Duque 2 ■ 91 541 80 23 ■ Cerrado lu, mediodía todos los días ■ €

Sirve comidas ligeras en un precioso establecimiento rodeado de vegetación.

8 El Cangrejero
PLANO C2 ■ Calle Amaniel 25 ■ 91 548 39 35 ■ €

Este bar tiene una buena selección de tapas de marisco.

9 Entrevinos
PLANO J1 ■ Calle Ferraz 36 ■ 91 548 3114 ■ Cerrado 1 y 6 ene, 24, 25 y 31 dic ■ €

Entre sus especialidades destaca el salmorejo (sopa fría de tomate, almendras y cangrejo) y la tortilla de camarones y espinacas. La carta de vinos es excelente.

10 Mercado de San Miguel
PLANO L5 ■ Plaza de San Miguel ■ 91 542 49 36 ■ €

Los mejores puestos de *delicatessen* de queso, jamón, sushi y pastas, en un mercado restaurado de principios del siglo XX *(ver p. 71).*

Fachada del mercado de San Miguel

Ver plano en p. 100

🔟 Casco antiguo

En el siglo XVII, el centro de la ciudad se trasladó de la zona medieval, alrededor de la plaza de la Paja, a la plaza Mayor. Esta plaza, mercado y punto de encuentro, era sobre todo un lugar de espectáculos y ocio popular. Con el paso del tiempo, las casas grandes se sustituyeron por barriadas. La zona situada al sur de la plaza Mayor se conocía como los barrios bajos, porque eran modestos y en ellos vivía la clase obrera. Junto a los trabajadores del matadero y los curtidores del Rastro, convivían los vendedores del mercado, albañiles y posaderos, además de las clases marginadas.

Estatua, plaza de la Paja

CASCO ANTIGUO

① **Imprescindible** ver pp. 107-109	① **Y además...** ver p. 112
① **Restaurantes y bares tradicionales** ver p. 117	① **Vida nocturna** ver p. 115
① **Compras en La Latina** ver p. 114	① **Dónde comer y beber** ver p. 116
	① **Tiendas especializadas** ver p. 113

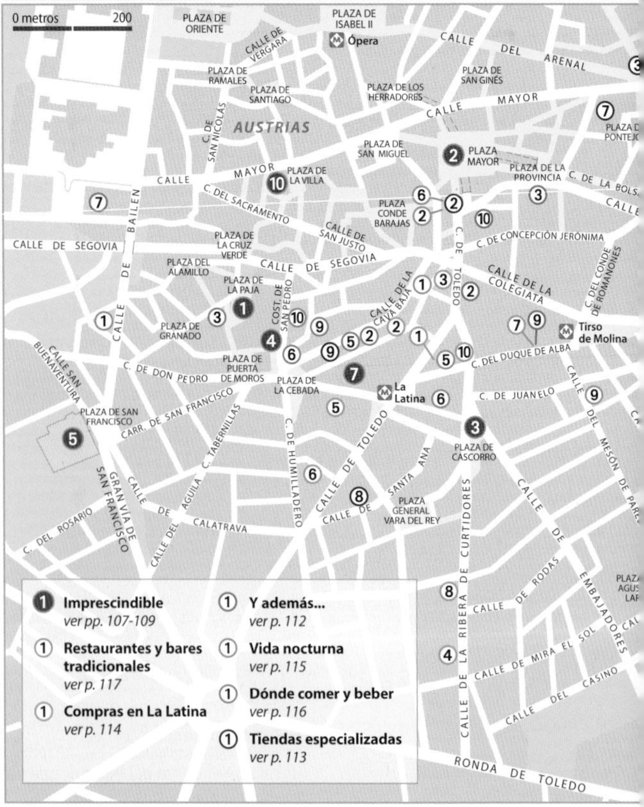

1 Plaza de la Paja
PLANO K6

Esta plaza, el centro de la vida y el comercio del Madrid medieval, quedó eclipsada por la plaza Mayor. Hoy en día es uno de los rincones más bonitos de la ciudad: está flanqueada de hermosos palacios y cafeterías que sacan sus terrazas a la plaza en verano. En su extremo norte se halla la capilla del obispo, erigida en 1535 para albergar los restos de san Isidro (que enseguida volvieron a la iglesia de San Andrés, donde permanecieron hasta el siglo XVIII). La capilla posee un magnífico retablo renacentista y alberga las tumbas de aristócratas madrileños.

La concurrida plaza Mayor

2 Plaza Mayor
El corazón del casco antiguo es esta amplia plaza rodeada de soportales, hoy ocupados por tiendas turísticas, restaurantes caros y artistas callejeros (ver pp. 22-23).

3 El Rastro
Un lugar imprescindible para conocer el ambiente de un domingo madrileño, viendo sus numerosos puestos callejeros y tiendas de antigüedades (ver pp. 26-27), antes de hacer una pausa en los cafés y bares de La Latina.

4 Museo de los Orígenes (Casa de San Isidro)
PLANO K6 ▪ Plaza de San Andrés 2 ▪ **Horario: 10.00-20.00 ma-do y festivos; med jun-med sep: 10.00-19:00 ma-do** ▪ Cerrado lu, 1 y 6 ene, 1 may, 24, 25 y 31 dic

Este museo está situado en un palacio del siglo XVI que perteneció al conde de Paredes. El patio renacentista original se aprecia mejor desde la primera planta, donde se exponen restos arqueológicos de la zona de Madrid, entre ellos un hermoso suelo de mosaico romano del siglo IV d.C. En la planta baja, destacan las maquetas en madera de la ciudad y sus palacios reales en el siglo XVII. Un cortometraje da vida al cuadro *Auto de fe* de 1680 pintado por Francisco Ricci (ver p. 23) y la capilla de San Isidro, construida a principios del siglo XVII cerca del lugar donde se dice que vivió el patrón de Madrid.

⑤ Real Basílica de San Francisco el Grande

Cuenta la leyenda que esta basílica (ver pp. 24-25) ocupa el solar de un monasterio fundado por san Francisco de Asís en el siglo XIII. Con su magnífica cúpula y las obras de arte que atesora, es una de las iglesias más bonitas de Madrid.

⑥ Lavapiés
PLANO D6

Este animado barrio, popular entre el colectivo LGTBIQ+, adquiere un ambiente cosmopolita gracias a su mezcla étnica de marroquíes, indios, turcos, senegaleses y chinos. Las estrechas calles en cuesta llevan al centro de la ciudad, mientras que las corralas del siglo XIX recuerdan el pasado obrero de la zona. En la actualidad, en sus calles se mezclan teterías árabes, restaurantes indios y tiendas chinas con bares modernos y otros de toda la vida, como la taberna Antonio Sánchez (ver p. 66). Posee también el barrio algunos centros culturales como La Casa Encendida (Ronda de Valencia 2), una de las instituciones más vanguardistas y generadoras de conciencia social de toda la ciudad. La Tabacalera de Lavapiés (Embajadores 53), ubicada en la antigua fábrica de tabacos, también merece una visita, con sus exposiciones de arte contemporáneo, conciertos y llamativos murales.

⑦ La Latina
PLANO L6

El histórico barrio de La Latina se anima los domingos por la mañana cuando cantantes, actores y estrellas de TV frecuenta los bares de la Cava Baja, la calle de Don Pedro y la plaza de los Carros. La plaza de la Paja, la plaza principal del Madrid medieval, recibió su nombre de la paja que vendían en ella los aldeanos del otro lado del río Manzanares. Hoy es un agradable lugar en el que hacer un pequeño descanso, bien en los bancos bien en las terrazas. El entorno y la his-

toria de las iglesias de San Andrés y San Pedro el Viejo y de toda la zona se explica en el Museo de los Orígenes (ver p. 107).

Bar de la Cava Baja, La Latina

⑧ Casa-Museo de Lope de Vega

PLANO R5 ■ **Calle de Cervantes 11** ■ **Horario: 10.00-18.00 ma-do (llamar para reservar 91 429 92 16 o enviar un correo electrónico a casamuseolopedevega@madrid.org)** ■ **Cerrado lu y festivos**

Lope de Vega, uno de los principales dramaturgos del Siglo de Oro, vivió en esta casa desde 1610 hasta su muerte en 1635. Comenzó a escribir a los 12 años dejando un total de 1.500 obras teatrales, además de novelas, autos sacramentales y poesía. En 1614 se ordenó sacerdote, aunque siguió siendo un mujeriego, lo que le acarreó problemas con la ley. Visitar la casa con sus postigos de madera, el crujir de las escaleras y sus techos con vigas es, sin duda, viajar al pasado. Por las distintas habitaciones se

---

SAN ISIDRO

Cuando el que luego sería patrón de Madrid murió alrededor de 1170, fue enterrado en una fosa común. Ya en el siglo XVII, se desató una violenta rivalidad entre el clérigo de San Andrés y la capilla de San Isidro por la custodia de los restos mortales. La disputa se prolongó hasta el siglo XVIII cuando el cuerpo del santo fue enterrado en la colegiata de San Isidro, donde ha permanecido desde entonces.

distribuyen algunos objetos cotidianos, como amuletos o la capa y la espada que dejó uno de sus amigos.

9 Plaza de Santa Ana
PLANO P5

Las calles que rodean esta famosa plaza tienen la mayor concentración de bares de tapas y la actividad a menudo se prolonga hasta las 4.00. En el ático del hotel ME Madrid se encuentra el famoso bar Radio *(ver p. 116)*, desde el que se ve el teatro Español. En la plaza hay dos estatuas en honor de grandes literatos españoles, el dramaturgo Pedro Calderón de la Barca (1600-1681) y Federico García Lorca (1898-1936), poeta, dramaturgo y director, asesinado por los nacionalistas durante la Guerra Civil.

10 Casa de la Villa
PLANO K5 ■ Plaza de la Villa 5
■ Cerrado al público

El Ayuntamiento de Madrid tuvo su sede aquí desde 1692 hasta 2007. Sus principales características –fachada austera de ladrillo y granito, dos torres rematadas con pizarra y portales ornamentales– son típicas del estilo arquitectónico del Madrid de los Austrias. Juan de Villanueva añadió el balcón de la calle Mayor para que la reina María Luisa pudiera ver la procesión del Corpus Christi. En el conjunto de edificios históricos de la plaza de la Villa destaca también la Casa y Torre de los Lujanes, el edificio civil más antiguo de la ciudad (siglo XV) y la Casa de Cisneros, construida para una familia aristocrática.

Casa de la Villa

UNA MAÑANA POR EL CASCO ANTIGUO

Comience la mañana en la **plaza de la Villa** con sus palacios de los siglos XVI y XVII. Continúe por la calle Mayor hasta la calle de Felipe III, por la que se entra a la **plaza Mayor** *(ver pp. 22-23)*. Cruce esta plaza en diagonal para llegar a la **calle Toledo**, que fue en su origen la principal salida sur de la ciudad. En esta vía se encuentra la tienda de cuerdas **Casa Hernanz** *(ver p. 113)* y otros comercios que recuerdan que este fue un barrio de artesanos. A la izquierda se eleva la **colegiata de San Isidro** *(ver p. 112)*, de estilo barroco. Siga la calle de Toledo, hasta la boca de **metro de La Latina.**

Unos pasos más se llega a la **plaza de la Cebada.** Bordee el moderno mercado cubierto, para desembocar en la **plaza del Humilladero.** En la plaza contigua, la plaza de San Andrés, se puede ver la iglesia con cúpula, de la que recibe el nombre. Enfrente se alza un palacio del siglo XVI, el actual **Museo de los Orígenes (Casa de San Isidro)** *(ver p. 107)*.

La costanilla de San Andrés recorre la parte trasera de la iglesia y conduce a la histórica **plaza de la Paja,** una buena zona de bares y restaurantes. En la esquina con la calle de Alfonso VI se encuentra el **colegio de San Ildefonso,** cuyos estudiantes cantan los números en el sorteo de la lotería de Navidad.

A la hora del almuerzo, los veganos pueden probar las hamburguesas de **Viva Burger** *(Costanilla de San Andrés 16)*; otras dos buenas elecciones son **La Musa Latina** *(Costanilla de San Andrés 12)* y **Café Delic** *(ver p. 116)*.

Ver plano en pp. 106-107

Y además...

1 Ateneo de Madrid
PLANO R5 ▪ Calle del Prado 21
▪ Los horarios de las visitas varían (reservar antes) ▪ Se cobra entrada
▪ www.ateneodemadrid.com

Una de las principales instituciones culturales de Madrid se fundó en 1835 para impulsar las artes y las ciencias. Alberga una biblioteca con medio millón de volúmenes.

2 Colegiata de San Isidro
PLANO M6 ▪ Calle Toledo 37
▪ Abierta para servicios religiosos

Esta iglesia fue construida en 1622 por los jesuitas. En 1768 se enterraron en ella los restos mortales de san Isidro.

3 Palacio de Santa Cruz
PLANO M5 ▪ Plaza de la Provincia 1

Este palacio del siglo XVII posee bonitas agujas y patios interiores. Se empleó como cárcel de la ciudad. Hoy alberga el Ministerio de Asuntos Exteriores.

El magnífico palacio de Santa Cruz

4 Teatro Español
PLANO Q5 ▪ Calle del Príncipe 25

En sus orígenes el corral del Príncipe era un patio abierto. Sobre la entrada hay medallones que representan a famosos dramaturgos.

5 Teatro de la Comedia
PLANO Q5 ▪ Calle del Príncipe 14

Es la sede de la Compañía Nacional de Teatro Clásico. Se representan obras clásicas. La fachada data de 1874. Se restauró en la década de 1990.

Bar de tapas en la calle de las Huertas

6 Calle de las Huertas
PLANO Q5

Su nombre recuerda las huertas que cubrían la zona en el siglo XVII. Hoy es más conocida por su vida nocturna.

7 Muralla árabe
PLANO J5 ▪ Cuesta de la Vega

Los restos de la muralla medieval se ven mejor desde el parque emir Mohamed I. La sección original es del siglo IX.

8 La Gatoteca
PLANO M6 ▪ Calle Argumosa 28
▪ Se cobra entrada ▪ www.lagatoteca.es

En este local lleno de gatos, los clientes pueden tomarse algo sin alcohol mientras acarician a un felino. Hay que reservar con tiempo.

9 Sala Equis
PLANO M6 ▪ Calle del Duque de Alba 4 ▪ www.salaequis.es

Espacio cultural que ofrece proyecciones cinematográficas de arte y ensayo y pequeños conciertos. Tiene un bar de moda.

10 Azotea The Hat
PLANO M5 ▪ Calle Imperial 9

En la azotea de un hostal de diseño, al sur de la plaza Mayor, podrá disfrutar de unas impresionantes vistas, tomar un vermú o dejarse llevar por el ambiente relajado.

Páginas anteriores La espléndida catedral de la Almudena

Tiendas especializadas

 La Violeta
PLANO Q4 ■ Plaza de Canalejas 6 ■ Abierto sep-jul

Esta bonita tienda, fundada hace más de un siglo, vende su propia marca de caramelos de violeta, además de violetas naturales cubiertas de azúcar, frutas glaseadas, bombones y otros dulces.

Caramelos de La Violeta

Casa Hernanz
PLANO M5 ■ Calle Toledo 18

Una curiosa tienda, se trata de uno de los escasos comercios especializados en objetos hechos en cuerda, cestas, alfombras y alpargatas, estas últimas disponibles en todos los colores (ver p. 109).

La Mallorquina
PLANO D4 ■ Plaza de la Puerta del Sol 8

Fundada en 1894, La Mallorquina es famosa por sus napolitanas, rosquillas, trufas y pasteles.

Casa de Diego
PLANO P4 ■ Puerta del Sol 12

Vende los mejores abanicos hechos a mano, delicadas bufandas, bastones y paraguas. Aquí compró la reina Letizia el abanico que llevó en su enlace con Felipe VI.

Franjul
PLANO R5 ■ Calle Lope de Vega 11

Elija entre un muestrario de cientos de estilos y materiales para diseñar sus propios zapatos (ver p. 70). También puede diseñar a juego el bolso.

Casa Mira
PLANO P4 ■ Carrera de San Jerónimo 30

Esta confitería fue fundada en 1842 por Luis Mira (ver p. 71), que sabía cómo satisfacer a los golosos. Es famosa por su turrón casero.

También tiene mazapán, chocolate, pestiños y bollos (ver p. 73).

El Ángel
PLANO D4 ■ Calle de Esparteros 3

Esta tienda familiar (ver p. 70) lleva más de 150 años vendiendo todo tipo de artículos religiosos, como rosarios, cálices o estatuas.

Guitarrería Manzanero
PLANO C6 ■ Calle de Santa Ana 12

Félix Manzanero es uno de los mejores fabricantes de guitarras del país. En su taller se expone parte de su impresionante colección de instrumentos musicales.

Jamones Julián Becerro
PLANO L6 ■ Calle de la Cava Baja 41

Esta tienda ofrece toda clase de productos del cerdo ibérico de la provincia de Salamanca, como el jamón de bellota, el mejor. También venden quesos, *foie gras* y licores.

Jamones Julián Becerro

Capas Seseña
PLANO P4 ■ Calle de la Cruz 23

Esta conocida tienda, frecuentada por algunos personajes famosos, lleva vendiendo la tradicional capa española desde 1901. Es un negocio familiar donde cada capa se elabora de forma individual. Pero se debe tener en cuenta que la calidad hay que pagarla (ver p. 70).

Ver plano en pp. 106-107

Compras en La Latina

1 Caramelos Paco
PLANO M5 ▪ Calle Toledo 53-55

Los escaparates de este imperio de los caramelos resplandecen de color. Ofrece sabores para todos los gustos, como de mojito, gintonic o cava. Tiene también caramelos sin azúcar aptos para diabéticos.

Caramelos Paco

2 El Transformista
PLANO C6 ▪ Calle de Mira el Río Baja 18

Esta tienda tiene de todo, desde objetos empleados en el rodaje de distintas películas españolas hasta artículos como espejos, lámparas, platos pintados y sillas de plástico.

3 Calzados Lobo
PLANO C5 ▪ Calle Toledo 30

Este negocio familiar, fundado en 1897, cuenta con una amplia selección de zapatos fabricados en España, incluidas alpargatas hechas a mano.

4 Fotocasión
PLANO C6 ▪ Calle Ribera de Curtidores 22

Ofrece todo lo que un fotógrafo puede necesitar: cámaras, nuevas y de segunda mano, películas, fundas para cámaras, trípodes y demás equipo especializado. También vende prismáticos.

5 Mercado de la Cebada
PLANO C5 ▪ Plaza Cebada 15 ▪ Horario: lu-vi y sá mañanas; primer do de mes

Para comprar jamones y quesos, sin ir a un lugar turístico, acuda a este mercado. Es muy popular entre los madrileños y muchos de sus locales suministran a los mejores restaurantes de Madrid (ver p. 71).

6 Bodegas Mariano Madrueño
PLANO C6 ▪ Calle Calatrava 19

Durante muchas generaciones este pequeño local ha ofrecido una gran selección de vinos y licores con más de 1.000 productos disponibles.

7 El Imparcial
PLANO M6 ▪ Calle Duque de Alba 4

Esta tienda, ubicada en las antiguas oficinas del periódico El Imparcial, forma parte de un centro cultural que también tiene un bar y un restaurante. Vende regalos, revistas especializadas y cervezas artesanas.

8 Nuevas Galerías
PLANO C6 ▪ Calle Ribera de Curtidores 12

Aquí se pueden comprar grabados, litografías y antigüedades. Las personas que busquen regalos deben dirigirse directamente a Albarelo y Mercedes Cabeza de Vaca.

9 Ecotienda Solidaria
PLANO E6 ▪ La Casa Encendida, 1.ª planta, Ronda de Valencia, 2

Esta tienda de comercio justo ofrece café, té, chocolate y artesanía, algunos de ellos orgánicos. Sus beneficios se destinan a la organización sin ánimo de lucro Alianza por la Solidaridad.

10 La Huerta de Almería
PLANO M6 ▪ Calle de San Millán 2

Pequeña tienda de productos ecológicos y café, con un bar que sirve zumos y batidos, hamburguesas, bocadillos, tartas, fruta y verdura. Tiene oferta vegana.

Puestos del mercado de la Cebada

Vida nocturna

1 Corral de la Morería
PLANO B5 ■ Calle de la
Morería 17

En este local se
puede ver un es-
pectáculo flamenco al
tiempo que se degustan
platos tradicionales en su
reputado restaurante.

2 Viva Madrid
PLANO P6 ■ Calle
Manuel Fernández y
González 7

**Bailarina de
flamenco**

Este bar (ver p. 51) cercano
a Huertas, merece la pena ir aunque
solo sea por la decoración de azulejos. Se anima a partir de las 22.00
y es muy frecuentado por los jóvenes. En verano hay que refrescarse
en la terraza. Abarrotado los fines
de semana.

3 Café Central
PLANO P5 ■ Plaza del Ángel 10

Los amantes del jazz sofisticado
acuden a este café art déco, al
principio de la calle Huertas. Hay
actuaciones todas las noches de
20.00 a 23.00. Hay que pagar una
pequeña entrada, dependiendo de
los artistas.

4 La Noche Boca Arriba
PLANO E6 ■ Calle Salitre 30

Muy popular entre los madrileños. Sala
que mezcla una decoración estilo vintage con barroco, carta con buenos precios y música pinchada por un DJ.

5 La Negra Tomasa
PLANO P4 ■ Calle Espoz y
Mina, esquina con calle Cádiz 9

Música salsa en directo, de jueves a
sábado, es el principal atractivo de
este restaurante cubano.

6 El Sótano
PLANO C5 ■ Calle de las
Maldonadas 6

Un acogedor local de moda con un
ecléctico programa de espectáculos
en directo y DJ, centrado particular-
mente en la música tecno y house.

7 Teatro Circo Price
PLANO E6 ■ Calle Ronda
de Atocha 35

Este teatro (ver p. 51) lleva
el nombre de un domador
irlandés que vino a Madrid
en el siglo XIX y creó un
circo. En la actualidad
es uno de los mejores espacios para ver actuaciones
de vanguardia.

8 Commo
PLANO P5 ■ Calle
Espoz y Mina 22

Esta moderna y animada discoteca
ofrece a sus visitantes música de todos los estilos y un ambiente frenéti-
co, además de otras actividades. Las
bebidas no son caras.

Entrada del Tablao Flamenco 1911

9 Tablao Flamenco 1911
PLANO P5 ■ Plaza de Santa
Ana 15

En una esquina de Santa Ana
(ver p. 109), este restaurante con
decoración de azulejos ofrece varios
menús y vinos para cenar mientras
se disfruta de una actuación de
flamenco (ver p. 51). Hay dos
actuaciones por noche.

10 Berlín Cabaret 1930
PLANO C5 ■ Costanilla de San
Pedro 11

Con su interior de cabaré, este local organiza espectáculos de drag
queens, flamenco y cabaré. Abre
de martes a sábado. Música de las
décadas de 1980 y 1990.

Ver plano en pp. 106-107 ←

Dónde comer y beber

1 Venta El Buscón
PLANO P4 ▪ Calle Victoria 5
▪ 91 522 54 12 ▪ €

Tradicional bar de tapas *(ver p. 68)*, decorado con retratos de Quevedo. Sirve tortilla de patatas y calamares a la romana, además de otras tapas madrileñas.

2 La Perejila
PLANO L6 ▪ Calle de la Cava Baja 25 ▪ 91 364 28 55

Precioso y pequeño bar *(ver p. 67)* que sirve deliciosas tapas, vino y café.

3 Café Delic
PLANO K6 ▪ Costanilla de San Andrés 14 ▪ 91 364 54 50 ▪ Cerrado lu ▪ €

Cafetería decorada con objetos de estilo retro, algunos de los cuales se pueden comprar en la tienda de al lado. Sirve tostas y ensaladas para almorzar, y se convierte en un popular local de cócteles por la noche, gracias a su terraza, que da a una bonita plaza.

4 Casa González
PLANO Q5 ▪ Calle León 12
▪ 91 429 56 18 ▪ Cerrado do noche ▪ €

Esta popular casa de vinos *(ver p. 67)* ocupa una antigua tienda de la década de 1930. Se puede tomar un vino, una empanada o un helado.

5 Casa Lucio
PLANO L6 ▪ Calle de la Cava Baja 35 ▪ 91 365 82 17 ▪ Cerrado ago ▪ €€

Este restaurante *(ver p. 68)* es famoso sobre todo por sus asados y sus huevos estrellados. Es esencial reservar con antelación.

6 El Bonanno
PLANO K6 ▪ Plaza del Humilladero 4 ▪ 91 366 68 86 ▪ €

Todo un clásico de Madrid en pleno corazón de uno de los barrios más animados de la ciudad. Gracias a su buen ambiente y a sus bebidas (incluido el vermú) a buen precio, atrae a una ecléctica clientela.

7 La Venencia
PLANO Q5 ▪ Calle Echegaray 7
▪ 91 429 73 13 ▪ €

El jerez es la especialidad de este pequeño bar *(ver p. 65)*, que sirve tapas sencillas.

8 Alhambra
PLANO P4 ▪ Calle Victoria 9
▪ 91 521 07 08 ▪ €

Bar de tapas con buen ambiente. Los fines de semana está muy concurrido *(ver p. 65)*.

9 Taberna Almendro 13
PLANO L6 ▪ Calle del Almendro 13 ▪ 91 365 42 52 ▪ €

Restaurante de tapas *(ver p. 65)* con carta y decoración andaluza.

10 Radio Rooftop Bar
PLANO P5 ▪ Hotel ME Madrid, Plaza Santa Ana 14 ▪ 91 701 60 00 ▪ €

Estilosa terraza *(ver p. 64)* con dos bares, deliciosos cócteles y vistas increíbles.

Terraza de diseño del bar Radio Rooftop Bar

Restaurantes y bares tradicionales

① La Posada de la Villa
PLANO L6 ■ Calle de la Cava Baja 9 ■ 91 366 18 60 ■ Cerrado 13.00-16.00 do y ago ■ €€

Esta atractiva posada data de 1642. Sirve cocina castellana, especialmente asados.

② Sobrino de Botín
PLANO M5 ■ Calle Cuchilleros 17 ■ 91 366 42 17 ■ €€

Al escritor americano Ernest Hemingway le encantaba este restaurante. Su plato favorito, el cochinillo asado, sigue siendo una de las especialidades de la casa *(ver p. 68)*.

③ Cervecería Alemana
PLANO P5 ■ Plaza de Santa Ana 6 ■ Cerrado ma, ago

Conocida y concurrida cervecería y bar de tapas *(ver p. 65)* que se inauguró en 1904.

④ La Casa del Abuelo
PLANO P4 ■ Calle de la Victoria 12 ■ 91 000 01 33 ■ €

Este bar de tapas por excelencia se fundó en 1906 y sigue teniendo mucho éxito. La especialidad de la casa son las gambas *(ver p. 67)*.

⑤ Taberna Oliveros
PLANO D6 ■ Calle San Millán 4 ■ 91 354 62 52 ■ Cerrado do noche, lu, jul, ago ■ €

Esta taberna, que se remonta a 1857, tiene el encanto del viejo mundo. Merece la pena probar su especialidad: el cocido madrileño, con callos y bacalao frito.

Tapa, Taberna de Antonio Sánchez

⑥ Taberna de la Daniela
PLANO M5 ■ Calle Cuchilleros 9 ■ 91 366 20 18 ■ €

Cocina tradicional, además de tapas y cocido madrileño.

PRECIOS
Una comida de tres platos con media botella de vino, servicio e impuestos incluidos.

....
€ menos de 35 €€ 35-70 €€€ más de 70

⑦ Casa Alberto
PLANO Q5 ■ Calle Huertas 18 ■ 91 429 93 56 ■ Cerrado do noche, lu y primera semana ene ■ €

En esta taberna Cervantes escribió parte de *Don Quijote*. Sirve vermú de barril y excelentes callos y croquetas.

Interior de Casa Alberto

⑧ Taberna Maceiras
PLANO R6 ■ Calle Huertas 66 ■ 91 429 58 18 ■ €

Este bullicioso restaurante merece una visita gracias a su marisco, su tarta de almendras y sus vinos.

⑨ Taberna de Antonio Sánchez
PLANO N6 ■ Calle Mesón de Paredes 13 ■ 91 539 78 26 ■ Cerrado do noche, 15-31 ago ■ €

Su ambiente es razón suficiente para visitar esta taberna tradicional. Entre las deliciosas tapas destaca la morcilla *(ver p. 66)*.

⑩ Prada a Tope
PLANO E4 ■ Calle Príncipe 11 ■ 91 429 59 21 ■ €€

Se preparan platos tradicionales típicos del Bierzo, en León. Se recomiendan las carnes y la morcilla (un poco picante).

Ver plano en pp. 106-107 ←

Chueca y Malasaña

Junto a la Gran Vía, se encuentran dos de los barrios más animados de Madrid. Chueca era originalmente el hogar de los herreros y tejedores de la ciudad. Después de permanecer abandonado durante muchos años, renació al ser adoptado por la comunidad LGTBIQ+. El barrio se llena de color cada verano con la fiesta del orgullo gay. Los edificios del siglo XIX que rodean la plaza de Chueca se han transformado en bares y restaurantes de moda. Malasaña fue el foco de la resistencia contra los franceses en 1808. Como Chueca, estuvo bastante descuidado pero hoy es uno de los barrios de moda y pilar de la vida nocturna madrileña.

Detalle modernista del palacio Longoria

CHUECA Y MALASAÑA

1 Casa de las Siete Chimeneas

PLANO R2 ■ **Calle Infantas 31**
■ **Cerrada al público**

Esta casa data del año 1570 aproximadamente y es uno de los ejemplos mejor conservados de la arquitectura doméstica de Madrid. Se dice que el edificio está embrujado por una antigua amante de Felipe II –aquí se encontró el esqueleto de una mujer a finales del siglo XIX–. La casa perteneció al marqués de Esquilache, cuyo intento de prohibir el uso de la tradicional capa de caballero y el sombrero de ala ancha, alegando que los delincuentes los utilizaban para ocultar armas y cubrir sus rostros, provocó una revuelta y su destitución.

Interior del Museo del Romanticismo

2 Museo del Romanticismo

PLANO E2 ■ **Calle San Mateo 13**
■ **Horario: 9.30-20.30 ma-sá (nov-abr: 9.30-18.30), 10.00-15.00 do y festivos** ■ **Cerrado lu, 1 y 6 ene, 1 may, 9 nov, 24, 25 y 31 dic** ■ **Se cobra entrada (gratis sá después de las 14.00 y do)**

Este museo recrea el Madrid de la época romántica (c.1820-1860) con habitaciones amuebladas y decoradas al estilo del periodo. Entre las joyas que atesora hay abanicos, figuritas, muñecas, viejos álbumes de fotos, cajas de puros y tarjetas de visita. Entre los cuadros hay un magnífico Goya y un retrato del marqués de Vega-Inclán, cuyas posesiones personales forman el núcleo de la colección. El arquetipo romántico español es Mariano José de Larra, un periodista con una pluma mordaz que se suicidó de un disparo en 1837 después de que su amante le abandonara. La pistola que utilizó es una de las piezas importantes del museo. Hay un bonito café con jardín.

3 Museo de Historia de Madrid

PLANO E2 ■ **Calle de Fuencarral 78**
■ **Horario: 10.00-20.00 ma-do (jun-sep: 10.00-19.00)** ■ **Cerrado lu y festivos**

La antigua casa de beneficencia de la ciudad es hoy un museo que recorre la historia de Madrid. Alberga fragmentos de un mosaico de una villa romana, cerámica de la época de la ocupación musulmana, un busto de Felipe II y la *Alegoría de la ciudad de Madrid* de Goya. La pieza estrella es una maqueta de madera de la ciudad, realizada en 1830. La portada barroca del museo es de la década de 1720.

1 **Imprescindible**
ver pp. 119-121

1 **Dónde comer y beber**
ver p. 124

1 **Compras**
ver p. 123

1 **Tabernas**
ver p. 125

1 **Tiendas de moda**
ver p. 122

La balconada del palacio Longoria

4 Palacio Longoria
PLANO E2 ■ Calle de Fernando VI, 4 ■ 91 349 95 50 ■ Cerrado al público

El mejor ejemplo de la arquitectura modernista en Madrid fue creado por Javier González Longoria en 1902. El arquitecto fue José Grases i Riera, discípulo de Antoni Gaudí. Los muros, ventanas y balcones, restaurados en la década de 1990, están cubiertos con una abundante decoración que con forma de plantas, flores y raíces de árbol (ver p. 50). Hoy en día es la sede de la SGAE. Suele haber visitas guiadas con ocasión de la Semana de la Arquitectura, en septiembre/octubre.

5 Iglesia de San Antonio de los Alemanes
PLANO N1 ■ Corredera Baja de San Pablo 16 ■ Horario: 10:30-14:00 ■ Se cobra entrada

Toda la superficie de esta magnífica iglesia con cúpula está cubierta con frescos del siglo XVII, que muestran escenas de la vida de san Antonio de Padua. La congregación incluía a los enfermos e indigentes del hospital adyacente, a lo que se les proporcionaba una ración diaria de pan y huevos. La iglesia sigue teniendo un comedor de beneficencia para 250 personas.

6 Teatro Flamenco Madrid
PLANO P2 ■ Calle del Pez, 10 ■ 91 159 29 95 ■ www.teatro flamencomadrid.com

El primer teatro del mundo dedicado al flamenco permite conocer de cerca la historia de esta música y baile. Hay espectáculos con artistas excelentes, además de clases de cante, baile, guitarra, castañuelas y percusión.

7 Plaza del Dos de Mayo
PLANO D2

Esta plaza, situada en el corazón de Malasaña, recuerda a los cabecillas de la insurrección de mayo de 1808, Luis Daoiz y Pedro Velarde, que están enterrados en la plaza de la Lealtad (ver p. 80). Se eligió este lugar por ser el enclave durante el levantamiento del parque de artillería del palacio de Monteleón, el principal foco de resistencia contra los franceses. El arco de ladrillo que hoy protege la escultura de los dos héroes era la entrada al edificio. Actualmente, la plaza está llena de restaurantes y bares con terraza.

MANUELA MALASAÑA

Según cuenta la leyenda, dos soldados franceses se acercaron aquel fatídico día de mayo a esta costurera adolescente, que se convertiría en una heroína nacional después del levantamiento de 1808. A pesar de sus protestas, ellos insistieron en cachearla, lo que provocó que Manuela les atacara con unas tijeras de costura. Ellos la mataron a disparos, pero su recuerdo sigue vivo en el barrio que hoy lleva su nombre.

Escultura en la plaza del Dos de Mayo

8 Iglesia de San Plácido
PLANO N1 ■ Calle San Roque 9
■ Abierta para servicios religiosos

La primera etapa de este convento fundado en 1622 por don Jerónimo de Villanueva, un noble madrileño, se vio oscurecida por el escándalo. Los rumores sobre la mala conducta sexual de las novicias provocaron una investigación de la Inquisición que implicó al capellán, la abadesa y el propio don Jerónimo. Se decía incluso que Felipe IV hacía visitas nocturnas al convento a través de un túnel.

9 Palacio de Justicia
PLANO F2 ■ Plaza Villa de París ■ Cerrado al público

Construido entre 1750 y 1757 sobre diseño de Francisco Carlier y Francisco Moradillo, el edificio se utilizó como convento hasta 1870. El arquitecto Antonio Ruiz de Salces lo transformó en Palacio de Justicia, pero debe su aspecto actual a una restauración tras un incendio en 1915.

Fachada de la iglesia de Santa Bárbara

10 Iglesia de Santa Bárbara
PLANO F3 ■ Calle General Castaños 2 ■ Horario: 9:00-13:00, 17.00-20.00 lu-vi; 10.00-13.00, 18.00-21.00 sá; 10.00-14.00 y 18.00-21.00 do y festivos

El convento de las Salesas Reales fue fundado por Bárbara de Braganza, esposa de Fernando VI, para refugiarse de su suegra en el caso de que el rey falleciera antes que ella (aunque ocurrió al revés). La iglesia barroca (1750), de Francisco Gutiérrez, alberga sus tumbas.

UN DÍA DE TIENDAS Y TAPEO

Comience con un vermú en la **Taberna Ángel Sierra** *(Plaza Chueca 11, 91 531 01 26)* y después diríjase al cercano mercado de San Antón para admirar la gran variedad de productos antes de almorzar en 11 Nudos Terraza Nordés, en la terraza de la azotea.

Después de comer, dé un paseo por la calle Augusto Figueroa para ver sus zapaterías y por la calle Fuencarral, con tiendas de moda como **El Ganso** en el número 20 o **Panta Rhei**, una librería con títulos ilustrados en español e inglés, en la calle de Hernán Cortés 7. Al final de la calle Fuencarral se encuentra el **Museo de Historia de Madrid** *(ver p. 119)*.

Tras visitarlo, continúe por la calle de San Vicente Ferrer, donde se conservan las fachadas de azulejos de algunos comercios de la década de 1920, como la farmacia que hay en la esquina con la calle de San Andrés. Diríjase a la **plaza del Dos de Mayo**, el corazón del barrio de Malasaña. En la esquina se halla **Pepe Botella** *(Calle de San Andrés 12, 91 522 43 09)*, uno de los locales favoritos entre los artistas y los actores y el lugar perfecto para hacer un descanso.

Al este de aquí se encuentra el **Centro Cultural Conde Duque** *(ver p. 62)*, emplazado en un antiguo cuartel, que alberga en la actualidad la colección de arte contemporáneo de la ciudad. Tras visitarlo, camine hasta la plaza de las Comendadoras, donde se puede tomar una bebida en la terraza de una de sus cafeterías, como **Federal,** en el número 9 *(91 532 84 24)*.

Ver plano en pp. 118-119

Tiendas de moda

De compras, examinando la colección de U-Casas

1 U-Casas
PLANO P2 ■ Calle de Fuencarral 51

Este negocio familiar tiene una amplia selección de calzado para hombre, mujer y niños.

2 Flamingos Vintage Kilo
PLANO D2 ■ Calle de San Joaquín 16

Peculiar tienda de segunda mano que cuenta con ropa *vintage* variada para hombres y mujeres, incluyendo pantalones vaqueros y de ante, botas vaqueras, chaquetas de cuero y camisas hawaianas. Los precios se calculan por el peso en kilos.

3 Mott
PLANO E3 ■ Calle Barquillo 31

En esta encantadora tienda venden ropa y accesorios originales de diseñadores de todo el mundo. Tanto para hombre como para mujeres.

4 Desigual
PLANO P2 ■ Calle de Fuencarral 36

Esta marca barcelonesa, creada por dos hermanos ibizencos, ha conquistado el mundo en los últimos años con sus diseños divertidos, coloridos y urbanos.

5 Foot District
PLANO D3 ■ Calle de Valverde 35

Maravillosamente dispuesta, es un lugar frecuentado por los amantes de la ropa callejera y las zapatillas de deporte. Tiene incluso una sala dedicada a la serie Air Jordan.

6 BAREI
PLANO E3 ■ Plaza de Chueca 8

Una tienda maravillosa en el corazón de Chueca, con enorme variedad de ropa de estilo y complementos básicos tanto para hombre como para mujer. Marcas exclusivas, gran calidad y personal muy amable.

7 La Mona Checa
PLANO D2 ■ Calle Velarde 2

Esta tienda alberga una estupenda selección de ropa y accesorios *vintage*. Tiene una zona dedicada a exposiciones y una colección de cámaras antiguas.

8 eseOese
PLANO E3 ■ Calle de Fuencarral 50

Esta elegante *boutique* se decanta por los tonos neutros en sus prendas de ropa, zapatos, joyas y accesorios.

9 Delitto e Castigo
PLANO F3 ■ Calle de Piamonte 17

Una tienda de lujo con ropa exclusiva y única de diseñadores famosos como Roberto Cavalli o Vivienne Westwood.

10 Próxima Parada
PLANO F3 ■ Calle Conde de Xiquena 9

Selecta tienda de moda con coloridos vestidos, zapatos y accesorios de diseñadores españoles.

Compras

① Patrimonio Comunal Olivarero
PLANO E2 ■ Calle de Mejía Lequerica 1

España es el mayor productor de aceite de oliva del mundo y este proveedor *(ver p. 70)* dispone de las mejores marcas de aceites de oliva extra. Busque el sello de denominación de origen.

② Antigua Casa Crespo
PLANO D2 ■ Calle Divino Pastor 29

Esta tienda de sandalias se inauguró en 1863. Está especializada en alpargatas tradicionales, tejidas a mano y cosidas por artesanos de La Rioja. La tienda es frecuentada por la realeza española.

③ Reserva y Cata
PLANO F3 ■ Calle Conde de Xiquena 13

Si se desea comprar una botella de vino, esta tienda especializada tiene caldos con denominación de origen españoles y portugueses. También ofrecen catas.

Reserva y Cata

④ Faraday
PLANO E3 ■ Calle de San Lucas 9

Una tienda de discos estilosa con una espléndida colección de vinilos, magnífico café y una selección de dulces. El propietario es un verdadero amante de la música y ofrece valiosa ayuda.

⑤ Mao & Cathy Tattoo Parlour
PLANO D2 ■ Corredera Alta de San Pablo 6

En caso de estar interesado en un recuerdo duradero, Mao y Cathy, pioneros del tatuaje en España, son los mejores artistas de la ciudad.

⑥ Uno de 50
PLANO D3 ■ Calle de Fuencarral 17

Joyería artesanal de de diseño única tanto para hombres como para mujeres a precios económicos.

Joyas expuestas en Uno de 50

⑦ Almirante 23
PLANO F3 ■ Calle Almirante 23

Esta tienda vende postales, frascos de perfume, latas de tabaco, cámaras, gafas de sol, programas de cine, menús y tarjetas de cigarrillos de coleccionista.

⑧ Tipos Infames
PLANO D3 ■ Calle San Joaquín 3

Moderna y atractiva librería con una interesante y ecléctica selección de títulos. Se utiliza como espacio para exposiciones temporales y cuenta además con su propia vinoteca.

⑨ Mad is Mad
PLANO Q1 ■ Calle Pelayo 48

Galería de arte de Chueca con obras de artistas locales prometedores, que utilizan diversos medios de expresión, desde la fotografía hasta la ilustración. Vale la pena ver alguna exposición para comprar un recuerdo a buen precio.

⑩ Casa González y González
PLANO E3 ■ Calle de Pelayo 86

Una tienda bohemia que vende artículos *chic* para el hogar. También hay una pequeña colección de papelería.

Ver plano en pp. 118-119 ←

Dónde comer y beber

1 La Manduca de Azagra

PLANO E2 ▪ Calle de Sagasta 14
▪ 91 591 01 12 ▪ Cerrado do y festivos, ago ▪ €€€

Este restaurante navarro, con su decoración moderna, es famoso por sus verduras, pescados frescos, carnes a la plancha y dulces caseros. En el bar se sirven tapas.

2 YOUnique Restaurant
PLANO E3 ▪ Calle del Barquillo 21 ▪ 91 005 22 22 ▪ €€

Ubicado en el hotel *boutique* Only YOU, este restaurante mezcla sabores tradicionales y modernos. Se puede cenar en el elegante comedor o en la terraza.

3 Ribeira do Miño
PLANO E3 ▪ Calle de Santa Brígida 1 ▪ 91 521 98 54 ▪ Cerrado lu, ago ▪ €

Esta marisquería gallega es conocida por su marisco, pescado fresco y deliciosas filloas.

4 El Cisne Azul
PLANO R1 ▪ Calle de Gravina 27 ▪ 91 521 37 99 ▪ Cerrado do noche ▪ €€

La carta se compone de deliciosas y abundantes tapas. Se recomiendan las setas, la ensalada de rúcula o la chuleta de cordero.

5 DSTAgE
PLANO E2 ▪ Calle de Regueros 8 ▪ 91 702 15 86 ▪ Cerrado sa y do ▪ €€€

Considerado uno de los mejores restaurantes, elija uno de los menús de degustación. Excelente bodega.

6 Sala Clamores
PLANO D1 ▪ Calle de Alburquerque 14 ▪ 91 445 54 80 ▪ €

Tómese un cóctel mientras escucha a los mejores artistas de jazz, blues o tango *(ver p. 65)*.

7 Pepe Botella
PLANO D2 ▪ Calle de San Andrés 12 ▪ 91 522 43 09 ▪ €

Se puede disfrutar de un momento tranquilo mientras se toma un café, una cerveza o una copa de vino en esta antigua cafetería.

8 Fábrica Maravillas

PLANO P1 ▪ Calle de Valverde 29 ▪ 91 521 87 53 ▪ Cerrado lu-vi mediodía ▪ €

Este moderno local con fábrica propia ofrece diferentes tipos de cervezas artesanales de barril. Desde la rubia hasta la más intensa, todas tienen su toque personal.

9 Restaurante Vivares
PLANO E3 ▪ Calle de Hortaleza 52 ▪ 91 531 58 13 ▪ €

Este agradable y animado restaurante ofrece excelente cocina regional y cócteles. Es recomendable probar el menú del día, que se ofrece hasta tarde.

10 Café Manuela
PLANO D2 ▪ Calle de San Vicente Ferrer 29 ▪ 91 531 70 37 ▪ €

Se puede asistir a tertulias y cuentacuentos o entretenerse con juegos de mesa mientras se toma una cerveza, un cóctel o un tentempié *(ver p. 64)*. En su elegante interior, con el estilo de la década de 1920, se sirve cerveza de barril, cócteles y aperitivos.

Interior del Café Manuela

Tabernas

Fachada de la Bodega de la Ardosa

(1) Bodega de la Ardosa
PLANO F3 ■ Calle de Colón 13 ■ 91 521 49 79 ■ €

En esta acogedora taberna sirven Guinness en grifo, así como diversas tapas; no se pierda sus fabes con calamares *(ver p. 64)*.

(2) Bodegas el Maño
PLANO C2 ■ Calle de la Palma 64

Acuda a Bodegas el Maño para encontrar comida deliciosa con un gran ambiente y una decoración impecable. Obligatorio si está en la zona de Noviciado.

(3) Casa Camacho
PLANO D2 ■ Calle de San Andrés 4 ■ 91 531 35 98 ■ €

Este bar, abierto desde 1928, tiene como especialidades los *yayos* (ginebra, vermú y sifón).

(4) El Comunista
PLANO E2 ■ Calle de Augusto Figueroa 35 ■ 91 521 70 12 ■ Cerrado lu noche, do ■ €

Esta taberna, una de las más tradicionales, sirve sencilla comida casera y vende vinos.

(5) La Trastienda
PLANO R1 ■ Calle Augusto Figueroa 24 ■ 91 330 02 71 ■ €

Ubicado en el mercado de San Antón, este bar vasco sirve 15 tipos de croquetas.

(6) Cervecería La Almudayna
PLANO D2 ■ Calle del Espíritu Santo 5 ■ 91 523 51 77 ■ Cerrado do ■ €

Agradable bar con una amplia selección de cervezas que ofrece también platos y tapas de calidad a base de ingredientes de la zona. Está en el corazón de Malasaña.

(7) La Taberna La Carmencita
PLANO E3 ■ Calle Libertad 16 ■ 91 531 09 11 ■ €€

Esta taberna, la segunda más antigua de Madrid, ofrece más de 75 variedades de recetas tradicionales.

(8) Casa 28
PLANO D2 ■ Calle del Espíritu Santo 28

Una antigua carnicería convertida en lujosa tienda de exquisiteces. Tiene un bar con degustación de varios productos, aunque destaca la carne. También hay vinos excelentes.

(9) Taberna Ángel Sierra
PLANO R1 ■ Calle San Gregorio 2 ■ 91 531 01 26 ■ Cerrado mi, 2 semanas ago ■ €

Se recomienda pedir el atún en escabeche y un vermú de grifo *(ver p. 51)*.

(10) Cervecería Santa Bárbara
PLANO E2 ■ Plaza de Santa Bárbara 8 ■ 91 319 04 49 ■ €

Bar amplio y moderno en el que sirven cerveza de grifo. Buen surtido de tapas. La especialidad son las gambas y el lomo *(ver p. 65)*.

Cervecería Santa Bárbara

Ver plano en pp. 118-119 ←

🔟 Comunidad de Madrid

Fuente de Aranjuez

La Comunidad de Madrid ocupa un amplio territorio de 8.000 km² y su población supera los 6.500.000 habitantes. Al norte se encuentra la sierra de Guadarrama, que forma parte del sistema Central y divide la meseta de este a oeste, a lo largo de más de 100 km. Los visitantes de El Escorial, el Valle de los Caídos o Manzanares el Real pueden disfrutar de sus estupendas vistas además del aire de la montaña. Es fácil organizar una excursión que combine Alcalá de Henares con Chinchón. O se puede visitar esta última ciudad junto con Aranjuez, un oasis de jardines y huertos en un paisaje por lo demás seco. También se puede aprovechar para conocer la ciudad de Toledo.

COMUNIDAD DE MADRID

Navacerrada
Guadarrama
Valle de los Caídos
Soto del Real
Manzanares el Real
San Agustín de Guadalix
Guadalajara
Collado Villalba
Tres Cantos
Algete
San Lorenzo de El Escorial
El Escorial
El Escorial
El Pardo
Alcobendas
Alcalá de Henares
Las Rozas de Madrid
Aeropuerto Adolfo Suárez Madrid-Barajas
Villanueva de la Cañada
Madrid
Torrejón de Ardoz
Brunete
Vallecas
Nuevo Baztán
Alcorcón
Villaverde
Móstoles
Getafe
Arganda del Rey
Navalcarnero
Fuenlabrada
Pinto
Villarejo de Salvanés
San Martín de la Vega
Valdemoro
Chinchón
Illescas
Santa Cruz del Retamar
Yuncos
Colmenar de Oreja
Aranjuez
Torrijos
Mocejón
Tajo
N400
Toledo

0 kilómetros   20

❶	**Imprescindible** ver pp. 127-129
❶	**Restaurantes históricos** ver p. 130
❶	**Otros restaurantes** ver p. 131

El majestuoso Escorial

① El Escorial

Aparte del famoso monasterio y las vistas de la sierra, El Escorial ofrece otros atractivos como su magnífico Coliseo, teatro que data de 1771 (ver pp. 40-43).

② Alcalá de Henares

MAPA B1 ■ Tren desde la estación de Atocha ■ 91 885 64 87 ■ Visitas a la universidad: los horarios varían, llamar antes ■ Se cobra entrada

Declarada Patrimonio de la Humanidad gracias a su arquitectura renacentista y barroca, en Alcalá de Henares nacieron Cervantes y la reina de Inglaterra Catalina de Aragón, primera esposa de Enrique VIII. A finales del siglo XV, el cardenal Cisneros, fundó aquí la Universidad Complutense. Resulta interesante recorrer sus edificios y patios universitarios, incluido el paraninfo, con su techo artesonado de estilo mudéjar. También merece la pena visitar el teatro Cervantes, uno de los teatros públicos más antiguos de Europa, fundado en el siglo XVII y restaurado en la década de 1990.

③ Aranjuez

MAPA B1 ■ Tren desde la estación de Atocha o el temático Tren de la Fresa ■ Palacio Real: abr-sep: 10.00-20.00 ma-do; oct-mar: 10.00-18.00 ma-do (jardines 8.00-atardecer); cerrado 24, 25 y 31 dic; se cobra entrada

Declarado Patrimonio Mundial por la Unesco. El Palacio Real, la residencia de verano de los monarcas Borbones, está decorado al estilo francés. Tampoco se escatimaron gastos en el lujoso capricho conocido como la Casa del Labrador, en los terrenos cercanos al río Tajo. La ciudad ha conservado algunas de sus corrales –viviendas de madera con balcones construidas alrededor de un patio–. Se pueden comprar provisiones en el mercado de Abastos y fresas en puestos junto a la carretera.

④ Manzanares el Real

MAPA B1 ■ Autobús n.º 724 desde Plaza de Castilla ■ Castillo: 10.00-17.30 ma-vi, 10.00-18.00 sá y do. Jardines: 10.00-18:00 ma-do (jun-sep: hasta 24.00 vi y sá) ■ Visitas dramatizadas, reservar en el 91 853 00 08 ■ Cerrado 1 ene, 1 may, 25 y 31 dic ■ Se cobra entrada

Este pueblo de la sierra alberga un castillo del siglo XV bien conservado. Casi tan antigua es la iglesia de Nuestra Señora de las Nieves, con su campanario de 30 m. Los senderistas acuden para disfrutar del parque regional de La Pedriza.

Castillo de Manzanares el Real

⑤ Chinchón

MAPA B1 ■ Autobuses La Veloz n.º 337, desde plaza Conde Casal

La vida aquí gira en torno a los soportales de la plaza Mayor, del siglo XVI. Esta plaza, originalmente un mercado de ganado, es el escenario de la representación de los vecinos de la Semana Santa *(ver p. 74)*; y de corridas de toros en julio y agosto. También merece la pena ver la iglesia de la Asunción, donde se guarda la *Asunción de la Virgen* de Goya (su hermano era el párroco). Se puede probar una copita de anís, que es la especialidad local.

Vista aérea de Toledo

complejo de tal manera que pudiera supervisar sus industrias, situadas entre las más avanzadas de la época. El palacio barroco, la iglesia con cúpula de San Francisco Javier y las casas de los trabajadores fueron diseñados por por José de Churriguera.

Procesión de Semana Santa, Chinchón

⑥ Navacerrada

MAPA B1 ■ Autobús 691 desde Moncloa

Navacerrada, situada a 1.860 metros, es la puerta a la sierra de Guadarrama. Los esquiadores se dirigen directamente al puerto, pero no se debe pasar por alto el pueblo. Además de visitar la iglesia parroquial, con su impresionante torre del siglo XV, y la iglesia de la Natividad, del siglo XVI, merece la pena echar un vistazo a las tiendas de artesanía. En la plaza Mayor, abundan los cafés y hay senderos para caminar y montar en bicicleta.

⑦ Nuevo Baztán

MAPA B1 ■ Por carretera: M-219 y R-3

Este municipio al sur de Alcalá de Henares fue la creación de un noble navarro del siglo XVIII, Juan de Goyeneche. Construyó el

⑧ El Pardo

MAPA B1 ■ Autobús 601 desde Moncloa ■ Palacio de El Pardo: todos los días abr-sep: 10.00-19.00; oct-mar: 10.00-18.00 ■ Se cobra entrada (gratis ciudadanos UE e iberoamericanos abr-sep: 17.00-20.00 mi y ju; oct-mar: 15.00-18.00 mi y ju)

El Pardo es hoy un barrio a las afueras de Madrid pero en el siglo XV, cuando Enrique III levantó en él un pabellón de caza, estaba en pleno campo. Carlos I mandó construir el Palacio Real y Carlos III lo amplió. El general Franco lo utilizó como residencia oficial y en la actualidad se alojan aquí las visitas de Estado. Destacan los tapices, realizados sobre cartones de Goya.

TREN DE CERVANTES

Este tren es una manera divertida de visitar los monumentos de Alcalá de Henares *(ver p. 127)*. Durante los 25 minutos de viaje, las azafatas vestidas con trajes de época reparten productos típicos mientras informan a los viajeros. Al llegar a la estación, un grupo de guías aguarda para mostrar la ciudad, incluida la universidad. Algunos restaurantes ofrecen descuentos a los viajeros.

Parque regional de La Pedriza (2 km)
Restaurante Parra
Calle de la Cañada
Plaza del Pueblo
Plaza del Raso
Castillo Viejo
Estación de autobuses
Manzanares
Ermita de la Peña Sacra (1,5 km)
Calle Real
Nuestra Señora de las Nieves

⑨ Toledo

A-42 (72 km); tren desde la estación de Atocha ■ www.toledo-turismo.org

A solo 30 minutos en tren desde Madrid, Toledo es una hermosa ciudad amurallada que corona la colina sobre la que se asienta, mirando al Tajo. Conocida como la ciudad de las tres culturas, cristianos, musulmanes y judíos convivieron en paz durante siglos. Uno de sus habitantes más famosos es El Greco. Algunas de sus obras se exponen en la Casa-Museo El Greco. Su cuadro más famoso, *El entierro del conde de Orgaz* (1588), está en la iglesia de Santo Tomé. La sinagoga del Tránsito (siglo XIII), que alberga el Museo Sefardí, es una joya de la arquitectura mudéjar.

⑩ Valle de los Caídos

MAPA B1 ■ A6 norte, salida hacia M-600 ■ Abr-sep: 10.00-19.00 todos los días; oct-mar: 10.00-18.00; basílica: 10.00-19.00 ■ Se cobra entrada (gratis ciudadanos UE e iberoamericanos abr-sep: 17:00-19.00 mi y ju; oct-mar: 13.00-18.00 mi y ju)

Es el monumento levantado por el general Franco en memoria de los muertos en la Guerra Civil (1936-1939). La cripta y la basílica, excavadas en la falda de la montaña, la construyeron prisioneros. La cruz mide 152 m de alto. Franco fue enterrado en este lugar en 1975, pero sus restos fueron exhumados en 2019 para tratar de acabar con la veneración de la dictadura.

Cruz del Valle de los Caídos

▶ MAÑANA

Para llegar a **Manzanares el Real** coja el autobús 724 en la plaza de Castilla y baje en la avenida de Madrid. Hay un supermercado cerca de la parada del autobús para comprar provisiones. Avanzando por la calle del Castillo se llega a la **calle de la Cañada** y al castillo del siglo XV restaurado, desde donde hay buenas vistas del embalse. Regrese por la calle de la Cañada para volver a la vieja plaza del pueblo, la **plaza del Pueblo**, donde hay varias cafeterías y bares.

Tras atravesar la bonita plaza del Raso, pasando junto a un pequeño cementerio, llega a la iglesia de **Nuestra Señora de las Nieves**, un templo del siglo XVI con un pórtico renacentista. Desde este punto se puede contemplar la iglesia y el embalse. De vuelta a la **plaza del Raso**, continúe por la **calle Real**, cruzando el río Manzanares hacia las ruinas del **Castillo Viejo**. El río lleva en dirección a la ermita de la Peña Sacra, construida sobre un enorme bloque de granito. En Pentecostés, se celebra una procesión en honor a la Virgen.

A continuación, diríjase a la céntrica plaza del Sagrado Corazón y luego a la calle Panaderos para comer en **Restaurante Parra** *(ver p. 131)*.

TARDE

Pase una tarde tranquila disfrutando del aire de la montaña y de las vistas del parque regional de **La Pedriza** *(ver p. 127)*.

Ver mapa en p. 126 ←

Restaurantes históricos

 El Charolés
PLANO A1 ■ Calle de Floridablanca 24, San Lorenzo de El Escorial ■ 91 890 59 75 ■ €€

Uno de los mejores restaurante del pueblo, con vigas de madera del siglo XVI. El chef Manuel Míguez prepara su famoso cocido madrileño los miércoles. En verano cuenta con terraza.

2 Mesón La Cueva
PLANO A1 ■ Calle San Antón 4, San Lorenzo de El Escorial ■ 91 890 15 16 ■ €€

Restaurante de cocina castellana en una casa del siglo XVIII diseñada por Juan de Villanueva. Su especialidad son los asados.

3 Algóra
PLANO A1 ■ Calle Santa Rosa 2, El Escorial ■ 696 63 82 24 ■ Cerrado ma ■ €€

Se encuentra en una antigua estación de tren de 1860 decorada con elegancia con paredes de ladrillo visto y suelos de madera.

4 Hostería del Estudiante
PLANO B1 ■ Calle Colegios 8, Alcalá de Henares ■ 91 888 03 30 ■ Cerrado do noche, lu, ma ■ €€

Forma parte del Parador Nacional. Su especialidad es el arroz cremoso con sepia y nécoras.

5 La Cúpula
PLANO B1 ■ Calle Santiago 18, Alcalá de Henares ■ 91 880 73 91 ■ Cerrado do noche ■ €€

Ubicado en una iglesia barroca del siglo XVII, comida castellana a buen precio.

6 La Balconada
PLANO B2 ■ Plaza Mayor 12, Chinchón ■ 91 894 13 03 ■ Cerrado mi ■ €€

Un edificio del siglo XV que da a la plaza principal en el que sirven comida castellana típica.

7 Mesón de la Virreina
PLANO B2 ■ Plaza Mayor 28, Chinchón ■ 91 894 00 15 ■ €€

Este restaurante sirve platos castellanos. Se recomienda pedir una mesa en el balcón o en la planta alta.

8 Mesón Cuevas del Vino
PLANO B2 ■ Calle de Benito Hortelano 13, Chinchón ■ 91 894 02 06 ■ Cerrado ma, do noche ■ €

Este antiguo molino de aceite del siglo XVIII con bodega ofrece auténtica cocina serrana tradicional.

Mesón Cuevas del Vino

9 El Rana Verde
PLANO B1 ■ Calle de la Reina 1, Aranjuez ■ 91 891 13 25 ■ €€

Encantador restaurante de época a la orilla del río Tajo. Cocina tradicional con toques innovadores, como su nombre implica. Las ancas de rana son su especialidad.

10 Taberna El Botero
Calle Ciudad 5, Toledo ■ 925 28 09 67 ■ Cerrado lu y ma ■ €€

Ubicado en un edificio centenario cuenta con una cocina de influencia internacional que da a los platos clásicos un sabor exótico, como su paella *thai* o la lasaña al rabo de toro. Se puede elegir entre dos sabrosos menús.

Otros restaurantes

1 Las Viandas
PLANO A1 ■ Plaza Constitución 2, San Lorenzo de El Escorial ■ 91 890 09 86 ■ €€

Este restaurante prepara comida de temporada. Dispone de una terraza de verano donde se puede tomar algo.

2 Horizontal
PLANO A1 ■ Camino Horizontal, San Lorenzo de El Escorial ■ 91 890 38 11 ■ 11.00-24.00 ju-ma (hasta 23.00 mi) ■ €€

Elegante establecimiento con vistas de la sierra. Se aconseja en verano pedir una mesa en la terraza. Cocina internacional de primera clase.

3 Restaurante El Reloj
PLANO A1 ■ Avenida Madrid 20, Navacerrada ■ 91 842 88 30 ■ 13.30-17.30 lu-vi, 13.30-17.30 y 20.30-24.00 sá y do ■ €

Sirve platos como ceviche de vieiras con mango y rábanos, o entrecot a la brasa con calabaza asada. Menú del día a buen precio.

4 Terraza Jardín Felipe
PLANO A1 ■ Calle Mayo 2, Navacerrada ■ 91 853 10 41 ■ Cerrado ma, do-ju noche (invierno) ■ €€

Ubicado en una casa de labranza de piedra. El cocinero, Felipe del Olmo, es famoso por su elegante arte culinario. Se recomienda la liebre a la brasa con deliciosa salsa de calamares.

5 Adolfo
Calle Hombre de Palo 7, Toledo ■ 925 22 7321 ■ Cerrado sá y do noche, lu ■ €€

Versiones de recetas locales tradicionales en un bonito comedor con vigas vistas y paredes de color rojo.

6 Rincón del Alba
PLANO A1 ■ Calle Paloma 2, Manzanares El Real ■ 91 853 91 11 ■ Cerrado ma-ju mediodía, lu-ju noche ■ €€

Sabrosos pescados y mariscos en un restaurante con vistas al pantano de Santillana y la sierra de La Pedriza.

7 Casa José
PLANO B2 ■ Calle Abastos 32, Aranjuez ■ 91 891 14 88 ■ Cerrado lu, do noche, ago ■ €€€

Su cocina se basa en productos de cultivo local. Premiado por Michelin.

8 Casa Pablo
PLANO B2 ■ Calle Almíbar 42, Aranjuez ■ 91 891 14 51 ■ Cerrado ma, 2.ª semana ene, 1-15 ago ■ €€€

Este acogedor establecimiento conserva el ambiente de una antigua taberna. La carne y el pescado fresco son sus especialidades.

9 La Mar Salá
Calle Honda 9, Toledo ■ 925 25 47 85 ■ Cerrado do, lu-ju noche ■ €€

Este pequeño y romántico restaurante, en el casco histórico de Toledo, está especializado en marisco.

10 Restaurante Parra
PLANO B1 ■ Calle Panaderos 15, Manzanares El Real ■ 91 853 95 77 ■ Cerrado: lu, ma-mi noche, 21 ago-12 sep ■ €€

Restaurante tradicional con una carta de estilo rural en la que figuran platos como las fabes con almejas.

Comida tradicional en Restaurante Parra

Ver mapa en p. 126

Datos útiles

Terraza en la plaza Mayor

Cómo llegar y moverse	**134**
Información práctica	**138**
Dónde alojarse	**142**
Índice general	**148**
Agradecimientos	**156**
Notas de viaje	**158**
Callejero	**160**

Cómo llegar y moverse

Llegada en avión

El **aeropuerto Adolfo Suárez Madrid-Barajas** se encuentra a 12 kilómetros al este de la ciudad. Dispone de cuatro terminales: la T1 está dedicada principalmente a vuelos internacionales, la T2 a vuelos nacionales y de países del espacio Schengen, la T3 a vuelos nacionales y regionales y la T4 a Iberia y compañías de Oneworld Alliance. La T4 está comunicada con las demás terminales por autobuses de enlace gratuitos, y con la terminal satélite TS4 mediante un tren automático subterráneo.

La Línea Exprés de autobús funciona las 24 horas del día y sale con regularidad del exterior de la T1, T2 y T4 en dirección a la estación de trenes de Atocha, en el centro de la ciudad (el trayecto dura unos 40 minutos y cuesta 5 €).

El autobús municipal 200 comunica la T1, T2, T3 y T4 con el intercambiador de transportes de avenida de América de 5.00 a 23.30; el trayecto dura 45 minutos.

Las tarifas en taxi al centro de la ciudad (30 minutos) son de 30 €.

La línea 8 de metro (desde 6.05 a 1.30) tarda 12 minutos en llegar de la T2 y T4 a la estación de Nuevos Ministerios, y los trenes de cercanías conectan la T4 con las principales estaciones de Madrid. Para llegar al aeropuerto en metro es necesario adquirir un billete que incluya suplemento.

Llegada en tren internacional

Renfe opera los servicios internacionales de trenes, entre ellos el TALGO, que circula entre París y Madrid. Es recomendable reservar los billetes por adelantado. **Eurail** e **Interrail** ofrecen billetes para europeos no residentes y residentes, respectivamente, que cubren recorridos internacionales de tren de cinco días a tres meses. Ambos valen para los trenes de Renfe.

Llegada en tren nacional y regional

Renfe cuenta con una red de trenes de cercanías que une Madrid con ciudades del extrarradio y que también es útil para atravesar largas distancias dentro de la ciudad. Hay ocho líneas identificadas por colores y un número precedido por la letra "C". Se conectan con el metro y funcionan entre las 5.30 y las 23.30 todos los días pero los horarios varían en función de la línea.

A Madrid llegan cuatro tipos de trenes: regional, largo recorrido, TALGO y AVE. De la terminal del AVE salen los trenes de alta velocidad, que, entre otras opciones, conectan Madrid con Sevilla en dos horas y media, y con Barcelona en tres. Iryo y Ouigo ofrecen ahora servicios de alta velocidad entre Madrid y Barcelona. Conviene reservar los billetes al menos un mes antes. Los regionales y de cercanías pasan con frecuencia.

Llegada en autocar

El autocar puede ser una opción más rápida y económica que el tren. Madrid cuenta con tres estaciones principales de autobuses. De la estación de Méndez Álvaro, o Estación Sur de Autobuses, parten rutas hacia toda España. La Estación Auto-Res da servicio a Valencia, este y noroeste de España, y Lisboa. De la estación de Avenida de América parten sobre todo autobuses con destino a localidades del norte de España. El intercambiador de Méndez Álvaro da acceso a tres líneas de tren y a la línea 6 de metro.

La compañía de autocares más importante es **Alsa,** que da servicio a todas las regiones. Las principales estaciones de autobuses, además de las páginas web de las compañías, ofrecen información y compra de billetes, pero hay que tener en cuenta que no siempre se pueden reservar.

Transporte público

La Empresa Municipal de Transportes de Madrid **(EMT)** es la responsable del sistema de transporte público en la capital. Tanto en las estaciones como en la página web de la EMT se puede tener acceso a medidas de seguridad e higiene, horarios, información de billetes y mapas. El metro funciona muy bien; los autobuses son más lentos, pero son una buena opción para trayectos cortos.

Billetes

Hay múltiples opciones de billetes según las necesidades de cada viajero. La Tarjeta Turística, que se compra en el aeropuerto, da acceso ilimitado a una serie de opciones de transporte público durante un número de días concreto. Es válida para dos zonas: la A para desplazamientos por la ciudad, y la T si se pretende visitar los alrededores. El coste varía en función del número de días y la zona.

El Metrobús es un billete múltiple que vale para 10 trayectos en autobús o metro, cuesta 12,20 € y se puede compartir.

La Tarjeta Multi, *contactless* y recargable, cuesta 2,50 € y se puede compartir. Se puede cargar con billetes sencillos de metro y todos los billetes múltiples que se deseen. El billete de metro cuesta 1,50 € para cinco paradas y luego el precio va subiendo.

Los billetes y tarjetas se pueden adquirir en muchos quioscos de prensa, estancos y en las máquinas expendedoras de las estaciones de metro.

Metro

El **Metro de Madrid** es la forma más rápida y fácil para desplazarse por Madrid. Hay 13 líneas que recorren la ciudad y que se dividen por zonas. Hay que averiguar el destino final de la línea en la que está la parada deseada; la lista de las estaciones se muestra en el andén. El metro opera de 6.00 a 1.30 todos los días y los trenes pasan cada 2-5 minutos en hora punta, y cada 7-14 minutos de 23.00 a 1.30. Para llegar y salir del aeropuerto, hay que pagar un suplemento de 3 €.

Autobús

Madrid cuenta con una extensa red de autobuses con más de 200 líneas. Son una forma ideal de ver la ciudad pero quizás sea una opción complicada

INFORMACIÓN

**LLEGADA
EN AVIÓN**
**Adolfo Suárez
Madrid-Barajas**
🌐 aeropuertomadrid-barajas.com

LLEGADA EN TREN
Eurail
🌐 eurail.com
Interrail
🌐 interrail.eu
RENFE
🌐 renfe.com

LLEGADA EN AUTOCAR
Alsa
🌐 alsa.es

TRANSPORTE PÚBLICO
EMT
🌐 emtmadrid.es

METRO
Metro de Madrid
🌐 metromadrid.es

para quienes visitan por primera vez la ciudad. Los autobuses suelen ser lentos y van llenos, en especial en horas punta. En las paradas figuran los horarios y el trayecto de cada línea. Los autobuses llevan el número de la línea en la parte frontal, funcionan entre las 6.00 y las 23.30 y pasan cada 5-7 minutos en horas punta y cada 16-24 minutos de 21.00 a 23.00, dependiendo de la línea. Los búhos (nocturnos) salen entre las 23.00 y las 6.00 desde la plaza de Cibeles.

Hay que indicar al conductor que se quiere bajar apretando el botón de "parada solicitada". Para subir, conviene hacerle una seña al conductor.

Taxi

La oferta de taxis oficiales es amplia, y los precios son moderados si se comparan con Europa. Hay paradas en las estaciones de trenes, cerca de la plaza Mayor, en la Puerta del Sol, en la Gran Vía y cerca del Prado. Se paran en la calle, o se pueden solicitar por teléfono u *online* a empresas como **PideTaxi** o **Tele Taxi.**

Los taxis son blancos con una franja roja en la puerta.

Llevan la luz verde iluminada o un cartel de "libre" en la luna delantera cuando están disponibles. La bajada de bandera es de 2,50 €, y esa tarifa va aumentando 1,10 € por kilómetro, con suplementos nocturnos, en fines de semana o en trayectos a o desde las estaciones de tren. Si se pide por teléfono, la tarifa empieza a contar desde que se solicita.

Recorridos turísticos

Los autobuses de **Madrid City Tour** permiten subir y bajar en múltiples monumentos y lugares de interés durante un día. Funcionan de 10.00 a 18.00 entre noviembre y febrero, y de 9.00 a 22.00 entre marzo y octubre. Hay dos rutas; ambas cubren el paseo del Prado, pero la línea azul se dirige luego hacia el oeste por el Palacio Real, y la verde hacia el norte, hacia el barrio de Salamanca y el estadio Santiago Bernabéu. Hay billetes para uno o dos días y cuestan 25 €/día para adultos y 11 €/día para menores de 16.

También hay múltiples recorridos a pie, como los que organiza la **Oficina de Turismo de Madrid,** algunos de ellos

para viajeros con necesidades específicas. Entre la temática hay arte y literatura, Madrid encantado, degustaciones y catas e incluso crimen y misterio. Los billetes se pueden adquirir en la oficina de turismo, en su página web o, en ocasiones, al principio del recorrido.

Bravo Bike ofrece desplazamientos en bicicletas eléctricas o convencionales (hay que tener en cuenta que en Madrid hay muchas cuestas). También tiene recorridos en bici por El Escorial, Aranjuez y Toledo.

Segway Tours ofrece desplazamientos en *segway* por los principales lugares de interés de la ciudad, además de excursiones con temática flamenca o por restaurantes. Todos incluyen una clase previa de manejo del *segway*.

Otra alternativa es darse una vuelta en **Seat 600.** Hay tres rutas, y los precios incluyen comida y una parada para tomarse un chocolate con churros. Los más atrevidos pueden darse un paseo en helicóptero con **Heliflight Spain** sobre Madrid, Toledo o Aranjuez.

En coche

Existen restricciones al tráfico y al aparcamiento en el centro dentro de la iniciativa de bajas emisiones Madrid 360, que da preferencia a los vehículos eléctricos e híbridos. Muchas zonas han sido peatonalizadas o solo se permite el paso a los residentes o a los coches menos contaminantes. Si su hotel está en Madrid 360, puede que tenga pases de un día para visitantes, pero es mejor comprobarlo. Si no, siempre es mejor dejar el coche en un aparcamiento subterráneo en las afueras o evitar el coche.

Alquiler de coches

Las compañías de alquiler más populares son **Europcar, Avis y Hertz.** Todas tienen oficinas en los aeropuertos y principales estaciones de tren. La opción Fly-drive incluye alquiler de coche en el coste del billete de avión y puede interesar a 2 o 3 personas que viajen juntas.

Para alquilar coche es necesario tener el carné de conducir y más de 21 años. Se recomienda optar por el seguro a todo riesgo.

Normas de circulación

Conviene fijarse en las señales que advierten de que no se puede aparcar y que en algunas calles el límite de velocidad es de 20 km/h. Hay estrictas leyes en vigor sobre consumo de alcohol y conducción. El límite general para los conductores de vehículos privados y ciclistas es 0,5 g/l en sangre.

En bicicleta

Madrid ha ido incorporando carriles bici y se está convirtiendo en una ciudad más propicia para la bicicleta, aunque sigue siendo más seguro pedalear en el parque del Retiro o la Casa Campo que en las calles. Los ciclistas avezados pueden probar el Anillo Verde Ciclista, un recorrido de 60 km que rodea la ciudad.

BiciMad es un sistema público de intercambio de bicicletas con más de 120 puestos. Las tarifas empiezan en 50 céntimos los primeros 30 minutos y 4,00 a partir de 2 horas, se cobra 4 € por hora. **Trixi** y **Bike Spain** son dos empresas privadas situadas en el centro que ofrecen recorridos y alquiler de bicicletas.

A pie

Es fácil recorrer Madrid a pie, y permite emparse del ambiente de la ciudad. El centro histórico es pequeño y la mayoría de los lugares de interés está a 20 minutos andando de la Puerta del Sol. Buena parte del centro ha sido peatonalizado para frenar la contaminación.

INFORMACIÓN

TAXI
PideTaxi
91 5478 200
pidetaxi.es
Tele Taxi
91 3712 131
tele-taxi.es

RECORRIDOS TURÍSTICOS
Bravo Bike
bravobike.com
Heliflight Spain
heliflightspain.com
Madrid City Tour
madrid.city-tour.com
Oficina de Turismo de Madrid
esmadrid.com
Seat 600
600tourmadrid.com
Segway Tours
madrid-segway.com

ALQUILER DE COCHES
Avis
avis.com
Europcar
europcar.com
Hertz
hertz.es

EN BICICLETA
BiciMad
bicimad.com
Bike Spain
bikespain.com
Trixi
trixi.com

Información práctica

Pasaportes y visados

Para conocer los requisitos de entrada en el país, incluido el visado, consulte la embajada española más cercana o la página web del **Ministerio de Asuntos Exteriores**.

Consejos oficiales

Es importante tener en cuenta los consejos oficiales antes de viajar. Se pueden consultar las recomendaciones sobre seguridad, sanidad y otras cuestiones importantes en la web del **Ministerio de Asuntos Exterior de España**.

Información de aduanas

En la web oficial de turismo de **España** (www.spain.info) puede encontrarse información relativa a los bienes y divisas que pueden introducirse o sacarse del país. Para los ciudadanos de la UE, no existe límite para productos siempre que sean para uso personal.

Seguro de viaje

Se recomienda a todos los viajeros que se hagan un seguro de accidente, enfermedad, robo o pérdida, y retrasos o cancelaciones de viajes, y que se lean atentamente la letra pequeña. Los ciudadanos de la UE tienen derecho a atención médica gratuita de urgencia siempre que tengan la tarjeta sanitaria europea **(TSE)**. El cuidado dental no está incluido.

Salud

España tiene un excelente servicio público de salud, y la cobertura médica de urgencia es gratuita para todos los ciudadanos de la UE con la TSE. Es posible que haya que pagar por el tratamiento y reclamar luego el dinero. Otros visitantes han de abonar todos los gastos médicos, por lo que es importante tener un seguro médico amplio antes de desplazarse. En caso de padecer una enfermedad grave, conviene tener la información por escrito en español.

Antes de viajar es recomendable revisar la información actualizada sobre las medidas de control sanitario publicadas en la web del Ministerio de Sanidad y del **Ministerio de Asuntos Exteriores**.

El agua de Madrid es potable, a menos que se indique lo contrario.

Los principales hospitales con servicio de Urgencias son el **Hospital Gregorio Marañón** y el **Hospital La Paz.**

Las farmacias, señalizadas con una cruz verde, están abiertas normalmente de 10.00 a 14.00 y de 17.00 a 20.00 de lunes a sábado; algunas abren todo el día. Fuera de horario, se indica en la puerta de cada farmacia la que está más cerca. Los farmacéuticos pueden recomendar algunos tratamientos pero es conveniente tener una receta con medicamentos prescritos. También pueden dar información sobre centros médicos cercanos.

Si necesita un dentista, pregunte en su hotel o consulte la web de Angloinfo si no es ciudadano español. **UDM Clínica Dental** tiene atención privada 24 horas.

Tabaco, alcohol y drogas

No está permitido fumar en los espacios públicos cerrados, pero sí se puede en las terrazas de bares y restaurantes. La actitud hacia el consumo moderado de alcohol es relajada, pero no está bien visto estar borracho. En Madrid es habitual beber a las puertas de los bares.

Las drogas son ilegales, y su posesión puede conllevar multas elevadas. El tráfico de sustancias está penado.

Carné de identidad

Llevar la documentación es obligatorio, pero suele bastar una fotocopia del carné o pasaporte. Si le para la policía, puede que le pidan que pase por la comisaría con el original.

Seguridad personal

Madrid es, por lo general, una ciudad segura en la que suelen producirse pocos delitos. Si se viaja en solitario, evite las calles y vagones de metro vacíos por la noche. Como en la mayoría de las ciudades, los carteristas suelen aprovechar las aglomeraciones, así que conviene vigilar las pertenencias y no dejar el bolso colgado en el respaldo de la silla en los restaurantes. Hay que tener cuidado con los timos (desconfíe de los extraños que le avisen de que se le ha caído algo).

Para denunciar un robo, hay que acudir a la comisaría más cercana. Guarde la denuncia para reclamar al seguro. El **Servicio de Atención al Turista Extranjero (SATE)** de la Policía Nacional ofrece ayuda en varias lenguas, de 9.00 a medianoche. Si se le extravía el pasaporte, contacte con su embajada o consulado.

En caso de una emergencia que requiera la presencia de **policía, bomberos** o **ambulancia,** llame al 112. El número de la **Policía Nacional** es el 091 y el de la **Policía Municipal,** el 092.

Los conductores madrileños a veces no respetan la preferencia de paso que tienen los peatones.

Madrid es una de las ciudades más diversas y abiertas de Europa. La homosexualidad es legal en España desde 1979 y el matrimonio entre personas del mismo sexo, desde 2005. En 2006, el Gobierno central reconoció el derecho a cambiar de género. Madrid tiene una amplia comunidad LGTBIQ+, especialmente alrededor de Chueca y Lavapiés. La semana del Orgullo, **Madrid Pride,** es la principal de su estilo en Europa, pero hay otros encuentros como **Gayday Madrid,** normalmente en septiembre, y **LesGaiCineMad,** un festival de cine LGTBIQ+.

INFORMACIÓN

DOCUMENTACIÓN

Ministerio de Asuntos Exteriores
w exteriores.gob.es

CONSEJOS OFICIALES

Ministerio español de Sanidad
w sanidad.gob.es

INFORMACIÓN DE ADUANAS

España
w spain.info

SEGURO DE VIAJE

TSE
w seg-social.es

SEGURIDAD PERSONAL

Comisaría central de policía
C/ Leganitos 19
902 102 112

Comisaría de policía en la estación de Atocha
Plaza del Emperador Carlos V
91 527 46 27

Comisaría de policía en la estación de Chamartín
C/ Agustín de Foxá s/n, andén 4
91 315 91 16

GayDay Madrid
w gaydaymadrid.es

LesGaiCineMad
w lesgaicinemad.com

Madrid Pride
w madridorgullo.com

EMERGENCIAS

Policía, bomberos y ambulancias
112

Centro de Coordinación de Urgencias Médicas de Cruz Roja
C/ Doctor Santero 18
91 522 22 22

SALUD

Hospital General Gregorio Marañón
C/ Dr. Esquerdo 46
91 586 85 00

Hospital La Paz
Paseo de la Castellana 261
91 727 70 00

Hospital Universitario Puerta de Hierro
C/ Manuel de Falla 1
91 191 60 00

Hospital Infantil Universitario Niño Jesús
Av. de Menéndez Pelayo 65
91 503 59 00

Viajeros con necesidades específicas

Las mejoras de las instalaciones de Madrid son constantes. La Confederación Española de Personas con Discapacidad Física (COCEMFE) proporciona información a quienes tengan movilidad reducida, o problemas de vista u oído. La web oficial de turismo de Madrid cuenta con una sección **Accesible Spain,** en la que se pueden descargar las principales opciones de transporte y ocio y su accesibilidad.

El sistema de transporte público está adaptado, y hay sillas de ruedas, servicios adaptados y plazas reservadas de aparcamiento en aeropuertos y estaciones. Los trenes y la mayoría de los autobuses tienen espacio para las sillas de ruedas, y el metro tiene mapas en braille de la Organización Nacional de Ciegos (ONCE).

Zona horaria

Madrid tiene la hora centroeuropea, una hora más que la GMT. El horario de verano empieza el último domingo de marzo y termina el último de octubre.

Dinero

La mayoría de los establecimientos aceptan tarjetas de crédito, débito y prepago. Los pagos *contactless* son habituales, pero siempre es buena idea llevar euros en efectivo para compras más pequeñas. Los cajeros suelen aplicar un recargo por retirar efectivo.

Aunque no es obligatorio dar propina, siempre se agradece. Lo habitual es un 5-10 por ciento del total de la factura en los restaurantes y 1 € por bulto o día para los botones y personal de limpieza. En los taxis, basta con redondear la tarifa.

Dispositivos eléctricos

El voltaje eléctrico es de 220 voltios y los enchufes, de dos clavijas redondas, por lo que, si se viene de países con otros sistemas, habrá que usar un adaptador.

Teléfonos móviles y wifi

El wifi gratuito es generalizado en Madrid, especialmente en grandes espacios públicos, bibliotecas, bares y restaurantes. Muchos hoteles dan acceso gratuito a sus clientes. WiFi Map es una app que encuentra puntos de acceso wifi cercanos y gratuitos.

Los ciudadanos de la UE no se ven afectados por las tarifas de itinerancia ya que pagan en España las mismas tarifas de datos, llamadas y texto que en sus países de origen. Quienes no sean de la UE han de consultar las tarifas con el proveedor o comprar una tarjeta SIM española.

Correos

La oficina central de Correos se encuentra en el paseo del Prado 1, y está abierta de 8.30 a 21.30 de lunes a viernes, y de 8.30 a 14.00 los sábados. Otras oficinas están abiertas de 9.30 a 20.30 de lunes a viernes y de 9.30 a 13.00 los sábados. Las cartas que se envían a través de las oficinas de correos suelen llegar antes que si se depositan en un buzón. Si es algo urgente, conviene mandar un certificado.

Clima

Madrid tiene inviernos fríos y veranos muy calurosos y secos. El clima más templado es en primavera y otoño. Enero y febrero son los más fríos, con temperaturas entre 0 y 10 ºC. Julio y agosto pueden alcanzar los 40 ºC.

Horarios

Agosto resulta un mes extremadamente tranquilo, ya que muchos madrileños se toman sus vacaciones de verano en este mes. Aunque la mayoría de destinos turísticos permanecen abiertos al público, muchos bares y restaurantes cierran. Las tiendas de Madrid suelen abrir de lunes a sábado de 10.00 a 14.00 y de 17.00 a 20.30. La mayoría de los comercios del centro abre también los domingos y los días festivos. El horario de apertura de los grandes almacenes y las cadenas es de lunes a domingo de 10.00 a 21.00. Los museos tienen horarios propios; muchos de ellos permanecen cerrados los lunes.

Los días festivos en Madrid son: Año Nuevo (1 ene), Día de Reyes (6 ene), Fiesta de San José (19 mar), Jueves Santo, Viernes Santo, Día del Trabajo (1 may), Fiesta de la Comunidad de Madrid (2 may), Fiesta de San Isidro (15 may), Corpus Christi, Día de Santiago Apóstol (25 jul), Día de la Ascensión (15 ago), Día de la Hispanidad (12 oct), Día de Todos los Santos (1 nov), Día de la Constitución (6 dic), Día de la Inmaculada Concepción (8 dic) y Navidad (25 dic).

COVID-19 Un aumento en el número de infectados puede conllevar cambios en los horarios y/o cierres. Consulte siempre antes de visitar museos, monumentos y lugares de reunión.

Información turística

La **Oficina de Turismo de Madrid** se encuentra en la plaza Mayor y dispone de una buena selección de planos y folletos. Hay otras oficinas en las estaciones de tren de Atocha y Chamartín y en las plazas de Cibeles, del Callao y de Colón. El aeropuerto Adolfo Suárez-Madrid Barajas *(ver p. 134)* dispone de dos centros de información, ubicados en las terminales 1 y 4, y también se pueden

encontrar puestos amarillos de información en varias terminales.

La **Comunidad de Madrid** también cuenta con oficinas de turismo que ofrecen información de la región.

El sitio web de turismo de la ciudad incluye una serie de publicaciones que se pueden descargar de forma gratuita. Entre ellas se incluyen planos, guías, propuestas para paseos, información sobre excursiones de un día, además de una revista mensual gratuita sobre actividades en la ciudad.

Costumbres

En España, hombres y mujeres se saludan con un beso en cada mejilla, mientras que los hombres se dan la mano. La siesta es otra costumbre habitual en España, y muchas tiendas cierran entre 13.00 o 14.00 y 17.00.

Idioma

El castellano es el idioma oficial.

Impuestos y devoluciones

El IVA es normalmente del 21 por ciento, con algunas rebajas para ciertos bienes y servicios. En algunos casos, los ciudadanos que no sean de la UE pueden reclamar la devolución de los impuestos. Los comercios proporcionan un formulario que luego hay que presentar en la oficina de aduanas al salir del país. Algunas

tiendas ofrecen la tecnología DIVA, que permite validar este documento en las máquinas del aeropuerto.

Alojamiento

Madrid cuenta con una enorme oferta hotelera para todos los bolsillos. En la web de turismo de **España** hay una lista. Conviene reservar con tiempo si se va a viajar en temporada turística (julio y agosto). Las tarifas suelen ser más altas cuando hay fiestas en la ciudad. Hay que tener en cuenta que la mayoría de los hoteles no incluyen en sus tarifas el IVA, que es del 10 %.

INFORMACIÓN

VIAJEROS CON NECESIDADES ESPECÍFICAS

Accessible Spain
w accessiblespain
travel.com

COCEMFE
w cocemfe.es

ONCE
w once.es

TELÉFONOS MÓVILES Y WIFI

WiFi Map
w wifimap.io

CORREOS

Correos
w correos.es

INFORMACIÓN TURÍSTICA

Comunidad de Madrid
w turismomadrid.es

Oficina de Turismo de Madrid
w esmadrid.com

ALOJAMIENTO

España
w spain.info

Dónde alojarse

PRECIOS
Una noche en una habitación doble normal (con desayuno si se indica), servicios e impuestos incluidos.

€ menos de 120 €   €€ 120-240 €   €€€ más de 240 €

Hoteles de lujo

Barceló Emperatriz
Calle de López de Hoyos 4 ▪ 91 342 24 90 ▪ www.barcelo.com ▪ €€
En este hotel cosmopolita que abrió en 2016 los huéspedes encontrarán los mejores productos de acogida y un servicio excelente. Las habitaciones tienen televisores de pantalla plana (48 pulgadas), camas extragrandes e incluso una wifi portátil que puede utilizarse por toda la ciudad. No olvide tomar una copa junto a la piscina de la azotea donde podrá disfrutar de las vistas.

Gran Hotel Inglés
PLANO E4 ▪ Calle Echegaray 8 ▪ 91 360 00 01 ▪ www.granhotelingles.com ▪ €€€
Hotel de lujo en el barrio de las Letras, que combina la sofisticación urbana con el glamour de otras épocas. Saboree los mejores cócteles de la ciudad en su bar LobByto. Cuenta con un *spa*, un gimnasio y una piscina de chorros.

Gran Meliá Fénix
PLANO G2 ▪ Calle Hermosilla 2 ▪ 91 276 47 47 ▪ www.melia.com ▪ €€€
Este hotel cerca de la plaza de Colón tiene uno de los mejores bares del mundo, el Dry Martini. Resulta práctico para visitas turísticas y para ir de compras por el barrio de Salamanca.

Hotel Hospes Puerta Alcalá
PLANO G3 ▪ Plaza de la Independencia 3 ▪ 91 432 29 11 ▪ www.hospes.com ▪ €€€
Esta antigua mansión con vistas al jardín del Retiro ofrece una ubicación perfecta para visitar las tiendas del barrio de Salamanca o el Museo del Prado. Dispone de habitaciones sofisticadas, un *spa*, una piscina de inmersión y un elegante restaurante.

Mandarin Oriental Ritz
PLANO F4 ▪ Plaza de la Lealtad 5 ▪ 91 701 67 67 ▪ www.mandarinoriental.com ▪ €€€
El hotel de lujo más antiguo de Madrid sigue fiel a sus valores tradicionales y ofrece un servicio refinado e impecable. El restaurante, con vistas a un jardín, luce decoración y mobiliario de estilo *belle époque*. Dispone de gimnasio y sauna *(ver p. 80)*.

The Principal
PLANO R3 ▪ Calle Marqués de Valdeiglesias 1 ▪ 91 521 87 43 ▪ www.theprincipalmadridhotel.com ▪ €€€
Este hotel, ubicado en un edificio centenario, ofrece habitaciones modernas y elegantes, una terraza en la azotea y un afamado restaurante dirigido por Ramón Freixa, galardonado con dos estrellas Michelin.

Rosewood Villa Magna
PLANO G2 ▪ Paseo de la Castellana 22 ▪ 91 587 12 34 ▪ www.rosewoodhotels.com/en/villa-magna.es ▪ €€€
Este hotel atrae a una clientela famosa gracias a una atención y unos servicios magníficos. Tiene 150 habitaciones amplias y elegantes, un *spa*, gimnasio 24 horas y su restaurante es sinónimo de buena cocina.

Villa Real
PLANO E4 ▪ Plaza de las Cortes 10 ▪ 91 420 37 67 ▪ www.hotelvillareal.com ▪ €€€
Este hotel situado en el corazón de Madrid tiene una elegante decoración mezcla de clásico y moderno. El vestíbulo luce mosaicos romanos y dispone de gimnasio, centro de conferencias y un restaurante *gourmet*.

Wellington Hotel & Spa
PLANO G3 ▪ Calle Velázquez 8 ▪ 91 575 44 00 ▪ www.hotelwellington.com ▪ €€€
Este hotel es el preferido durante la feria de San Isidro *(ver p. 74)* en mayo. Su restaurante galardonado por Michelin, Kabuki, sirve excelente cocina japonesa. También hay piscina.

The Westin Palace
PLANO E4 ▪ Plaza de las Cortes 7 ▪ 91 360 80 00 ▪ www.westinpalacemadrid.com ▪ €€€
Inaugurado en 1913 su opulencia no ha dejado de sorprender a los huéspedes desde entonces. Disfrute de la atmósfera

palaciega y de la amplia variedad de cócteles del Palace Bar. Dispone de un centro de *spa*.

Hoteles históricos

Casa Rural & Spa La Graja
PLANO B1 ▪ **Calle del Paje 7, Chinchón** ▪ **687 31 78 66** ▪ **www.lagraja.com** ▪ **€**
A escasa distancia de Madrid, esta casa rural se encuentra en Chinchón, en un caserío del siglo XIX. Ofrece bonitas habitaciones con un toque rústico y elementos históricos. Cuenta con *spa*, wifi gratis y piscina.

Eurostars Palacio Buenavista
PLANO A2 ▪ **Calle de los Concilios 1, Toledo** ▪ **925 28 98 00** ▪ **www.eurostars hotels.com** ▪ **€€**
Este lujoso hotel ubicado en un palacio del siglo XVI con vistas al Tajo, dispone de todas las comodidades modernas, junto a rasgos de época, como una vidriera en el techo del vestíbulo. Hay piscina, *spa*, centro *wellness* y wifi gratis.

Iberostar Las Letras Gran Vía
PLANO Q3 ▪ **Gran Vía 11** ▪ **91 523 79 80** ▪ **www.hoteldelasletras. iberostar.com** ▪ **€€**
Este hotel ocupa un edificio neoclásico que conserva una gran escalera y elaboradas molduras. Cuenta con una biblioteca bien surtida. Las habitaciones son modernas y tienen citas de literatos famosos escritas en las paredes; muchas incluyen terraza privada con *jacuzzi*. No

hay que perderse las vistas desde la terraza de la azotea.

NH Palacio de Tepa
PLANO R5 ▪ **Calle de San Sebastián 2** ▪ **91 389 64 90** ▪ **www.nh-hotels.com** ▪ **€€€**
En el famoso barrio de las Letras de Madrid se encuentra este edificio convertido en un atractivo hotel con interiores modernos. Los techos con vigas vistas, las columnas y los grandes ventanales de algunas habitaciones recuerdan su época de gloria.

Petit Palace Posada del Peine
PLANO M4 ▪ **Calle de Postas 17** ▪ **91 523 81 51** ▪ **www.petitpalace posadadelpeine.com** ▪ **€€**
Este hotel fundado en 1610 es el más antiguo de España y se encuentra en el corazón del Madrid antiguo. Aunque algunas habitaciones resultan pequeñas, todas disponen de una decoración moderna e incluyen ordenadores y conexión Mi-fi (wifi portátil) para usar por la ciudad. Se admiten mascotas pequeñas.

AC Palacio del Retiro
PLANO G4 ▪ **Calle de Alfonso XII 14** ▪ **91 523 74 60** ▪ **www.marriott.com** ▪ **€€€**
Este hotel ocupa una atractiva mansión de 1907 y ofrece vistas del jardín del Retiro. Las atractivas habitaciones combinan detalles de época, como molduras en los techos y suelos de madera, con elementos del siglo XXI, como bases para iPod y televisores de plasma. Dispone de restaurante y *spa*.

Catalonia Plaza Mayor
PLANO N5 ▪ **Calle de Atocha 36** ▪ **91 369 44 09** ▪ **www.cataloniahotels. com** ▪ **€€€**
Este hotel está emplazado en un edificio del siglo XIX a unos pasos de la famosa plaza Mayor, así que no podría estar más céntrico. Los interiores son modernos, pero se han conservado los elaborados balcones de hierro forjado. Tiene también un tranquilo patio y gimnasio.

Gran Meliá Palacio de los Duques
PLANO L3 ▪ **Cuesta de Santo Domingo 5** ▪ **91 276 47 47** ▪ **www.melia.com** ▪ **€€€**
Situado en el corazón de Madrid este estupendo hotel ocupa un palacio del siglo XIX, con un extenso jardín, ofrece una estancia a todo lujo en habitaciones con grandes camas. Una piscina en el último piso, tres restaurantes excelentes y un centro *wellness*.

NH Collection Madrid Suecia
PLANO R3 ▪ **Calle Marqués de Casa Riera 4** ▪ **91 200 05 70** ▪ **www. nh-hotels. com €€€**
El Hotel Suecia original fue inaugurado en la década de 1950 por la familia real sueca, y entre sus huéspedes estuvieron Ernest Hemingway y el Che Guevara. Tras años de abandono, fue transformado en un hotel moderno en 2014. Ahora ofrece habitaciones elegantes y una terraza en la azotea con una piscina de inmersión.

Relais & Château Orfila

PLANO F2 ▪ Calle de Orfila 6 ▪ 91 702 77 70 ▪ www.hotelorfila.com ▪ €€€

Esta grandiosa residencia de 1886 se encuentra en una zona arbolada próxima a la plaza de Colón. Sus 20 habitaciones y 12 *suites* están decoradas en tonos rosas y amarillos que crean un ambiente relajado. El pequeño restaurante da un jardín.

Hoteles de diseño

Abalú

PLANO M1 ▪ Calle del Pez 19 ▪ 91 531 47 44 ▪ www.hotelabalu.com ▪ €€

Las habitaciones y apartamentos de este hotel tienen una decoración vistosa y ecléctica. Algunas habitaciones tienen balcón, y en las elegantes *suites* se encuentra una zona de salón con reproductores de vídeo y baño con *jacuzzi* o bañera de piedra.

Hostal Gala

PLANO L3 ▪ Costanilla de los Ángeles 15, 2a ▪ 91 541 96 92 ▪ www.hostalgala.com ▪ €€

Si se busca estilo a precios asequibles, este establecimiento es una magnífica opción. Habitaciones y apartamentos compactos, pero con decoración moderna y elegante y aire acondicionado. El amable personal se desvive por los huéspedes.

Hotel Santo Domingo

PLANO L2 ▪ Calle de San Bernardo 1 ▪ 91 547 98 00 ▪ www.hotelsantodomingo.es ▪ Acceso ▪ €€

Tiene una ubicación perfecta para visitar el Palacio Real y la Gran Vía. Las habitaciones presentan una decoración por temas y colores terapéuticos. Son pequeñas, pero cómodas; las de la quinta planta tienen balcones con preciosas vistas de la ciudad. Cuenta con piscina en la azotea.

ME Madrid Reina Victoria

PLANO P5 ▪ Plaza de Santa Ana 14 ▪ 91 701 60 00 ▪ www.melia.com ▪ €€

Este bello edificio que se remonta a principios del siglo XX se ha convertido en un moderno hotel equipado con magníficas instalaciones y un bar en el ático. Buena ubicación cerca de la Puerta del Sol y los museos de la ciudad.

Palacio PL Conde de Miranda

PLANO L5 ▪ Plaza del Conde de Miranda 1 ▪ 900 37 39 78 ▪ www.palaciopl condedemiranda.com ▪ €€

Cada apartamento está decorado inspirándose en parejas famosas, desde Romeo y Julieta, a Harry y Sally, Ross y Rachel o Popeye y Olivia. La cocina tiene nevera, fogones, horno, máquina de café y lavaplatos. Dispone de servicio de cuidado de niños.

Posada del Dragón

PLANO L6 ▪ Calle de la Cava Baja 14 ▪ 91 119 14 24 ▪ www.posadadel dragon.com ▪ €€

Esta posada del siglo XVI conserva restos de la muralla medieval y una escalera de madera. Las habitaciones, sin embargo, son modernas y tienen colores e iluminación atrevidos. El restaurante sirve una deliciosa cocina local. Es mejor pedir una habitación trasera, ya que es una zona animada.

Room-Mate Alicia

PLANO Q5 ▪ Calle del Prado 2 ▪ 91 389 60 95 ▪ www.room-matehotels.com ▪ €€

Este moderno hotel, con una práctica ubicación en la plaza de Santa Ana, es ideal para quienes deseen disfrutar de la vida nocturna madrileña. Habitaciones con grandes ventanas que dan a la animada plaza.

Hotel Único

PLANO G2 ▪ Calle de Claudio Coello 67 ▪ 91 781 01 73 ▪ www.unico hotelmadrid.com ▪ €€€

Este hotel, uno de los favoritos en el mundo de la moda, ocupa una bella mansión del siglo XIX en el barrio de Salamanca. Dispone de un restaurante galardonado, un atractivo patio ajardinado y diversos servicios adicionales, como asistente de compras personal.

Only You Hotel

PLANO E3 ▪ Calle Barquillo 21 ▪ 91 005 22 22 ▪ www.onlyyouhotels.com ▪ €€€

La decoración de este hotel, instalado en una mansión del siglo XIX en el barrio de Chueca, es obra del interiorista Lázaro Rosa-Violán. Muchas habitaciones conservan los techos originales con vigas de madera, que se combinan con papel en las paredes y muebles contemporáneos.

Hoteles de negocios

Meliá Barajas
Avenida de Logroño 305 ▪ **91 276 47 47** ▪ **www. melia.com** ▪ €€
Este hotel con 229 habitaciones está en la carretera de acceso al aeropuerto, bien comunicado con el recinto ferial de IFEMA. Habitaciones cómodas, jardín, piscina al aire libre, restaurantes, gimnasio, salas de reuniones y un autobús gratuito al aeropuerto.

NH Collection Palacio de Aranjuez
PLANO B1 ▪ **Calle de San Antonio 22, Aranjuez** ▪ **91 345 04 50** ▪ **www. nh-collection.com** ▪ €
Este encantador hotel con vistas al palacio de Aranjuez ofrece instalaciones para congresos y eventos. Habitaciones magníficamente amuebladas con máquinas de café, televisión vía satélite y wifi. Tiene centro de fitnes.

AC-Aitana
PLANO F3 ▪ **Paseo de la Castellana 152** ▪ **91 458 49 70** ▪ **www.marriott. com** ▪ €€
Este hotel de negocios de cuatro estrellas dispone de aparcamiento, restaurante, bar, sala de lectura, gimnasio y dos pequeñas salas de conferencias. Las habitaciones están equipadas con televisión vía satélite, dos teléfonos y wifi.

Catalonia Gran Vía
PLANO R3 ▪ **Gran Vía 9** ▪ **91 531 22 22** ▪ **www. cataloniahotels.com** ▪ €€
Este cómodo hotel resulta perfecto tanto para acudir a la Bolsa como para

visitar la ciudad. Habitaciones modernas con televisión vía satélite, algunas con *jacuzzi*. Cuenta con un restaurante de cocina catalana, gimnasio, *spa* y sauna.

Exe Moncloa
PLANO B2 ▪ **Calle Arcipreste de Hita 10** ▪ **91 745 92 99** ▪ **www. hotelexemoncloa.com** ▪ €€
Este moderno hotel, con habitaciones cómodas y buenas instalaciones para viajeros de negocios, está frente al intercambiador de metro y autobuses de Moncloa. También tiene piscina.

Hotel H10 Tribeca
PLANO B1 ▪ **Calle de Pedro Teixeira 5** ▪ **91 597 15 68** ▪ **www.h10hotels. com** ▪ €
Este hotel de cuatro estrellas ofrece una magnífica ubicación en el barrio financiero de Madrid. Dispone de tres salas de reuniones, comedor privado y wifi.

Ilunion Suites
Calle López de Hoyos 143 ▪ **Metro Alfonso XIII** ▪ **91 744 50 00** ▪ **www. ilunionsuites madrid.com** ▪ **Acceso discapacitados** ▪ €€
Este hotel se encuentra al norte del centro, y dispone de 120 *suites* con televisión vía satélite y un restaurante de cocina internacional.

NH Madrid Ribera de Manzanares
FUERA DEL PLANO EN B6 ▪ **Paseo Virgen del Puerto 57** ▪ **91 364 32 48** ▪ **www. nh-hotels.com** ▪ €
Este hotel con vistas al río Manzanares ofrece habitaciones con una buena

relación calidad/precio, 12 salas de reuniones, organización de conferencias y actos, aparcamiento privado, gimnasio, restaurante y bar.

Radisson Blu Prado Hotel Madrid
PLANO F5 ▪ **Calle Moratín 52** ▪ **91 524 26 26** ▪ **www. radissonblu.com** ▪ €€
Este hotel de diseño elegante dispone de habitaciones amplias con mucho espacio para trabajar, además de los típicos servicios para viajeros de negocios, como salas de reuniones y un centro de negocios. También ofrece un lujoso *spa*, bar y una magnífica ubicación frente al Prado.

InterContinental Hotel
PLANO G1 ▪ **Paseo de la Castellana 49** ▪ **91 700 73 00** ▪ **www.ihg.com** ▪ €€€
Las diversas salas de conferencias y reuniones, el entregado equipo de conserjes y las excelentes instalaciones, entre ellas un centro de negocios abierto las 24 horas, han convertido este lujoso hotel en uno de los favoritos entre los viajeros de negocios. También dispone de gimnasio y *spa*.

Alojamiento económico

B&B Hotel Las Rozas
PLANO B1 ▪ **Calle Perú 2** ▪ **91 630 17 17** ▪ **www. hotel-bb.es** ▪ €
A tan solo 30 minutos del centro, un hotel moderno ubicado en las Rozas, con fácil acceso a la Sierra de Guadarrama. Habitaciones espaciosas, con wifi gratuito.

Precios ver p. 142

The Hat Madrid

PLANO C5 ▪ Calle Imperial 9 ▪ 91 772 85 72 ▪ www.thehatmadrid. com ▪ €

El lema en este hotel es "donde quiera que esté mi sombrero, está mi hogar". Una atmósfera de bienvenida reina por todo el local, que también ofrece habitaciones con baño privado. Disfrute de un desayuno estupendo en la terraza y de las vistas desde la azotea.

Hostal Adis

PLANO D3 ▪ Calle de la Puebla 14 ▪ 91 531 56 44 ▪ www.hostaladismadrid. com ▪ €

Agradable y moderno hostal a solo unos metros de la Gran Vía y a 10 minutos de la Puerta del Sol. Todas las habitaciones dispone de televisores con pantallas led, calefacción central y wifi.

Hostal Gonzalo

PLANO E5 ▪ Calle Cervantes 34, 3.ª planta ▪ 91 429 27 14 ▪ www. hostal gonzalo.com ▪ €

Agradable hostal en una zona histórica de Madrid, cerca de los museos del paseo del Prado. Algunas habitaciones disponen de balcón. Teniendo en cuenta que la zona es famosa por su vida nocturna, resulta sorprendentemente tranquilo.

Hostal La Prensa

PLANO M2 ▪ Gran Vía 46, 8.º ▪ 91 531 93 07 ▪ www. hostallaprensa.com. €

Este hostal con vistas a la Gran Vía ofrece acogedoras habitaciones con techos altos, grabados, aire acondicionado y baño privado. Se halla en uno de los rascacielos más antiguos de Madrid, construido en la década de 1920.

Hostal Persal

PLANO P5 ▪ Plaza del Ángel 12 ▪ 91 369 46 43 ▪ www.hostalpersal.com ▪ €

Ofrece una excelente relación calidad/precio y está orientado hacia una plaza tranquila, aunque rodeada de tiendas, bares y monumentos. Habitaciones cómodas con televisión vía satélite; algunas dan a un patio. La cafetería es perfecta para conocer a otros huéspedes e intercambiar información.

Lapepa Chic B&B

PLANO F4 ▪ Plaza de las Cortes 4 ▪ 648 47 47 42 ▪ www.lapepa-bnb.com ▪ €

Este acogedor Bed and Breakfast está cerca de los tres principales museos de Madrid. Dispone de habitaciones elegantes y de un salón con zona de cocina donde los huéspedes pueden reunirse a desayunar. El servicio es excelente. Disponen de bases para iPod.

Hotel Life

PLANO M1 ▪ Calle Pizarro 16 ▪ 91 531 47 44 ▪ www. hotellifemadrid.es ▪ €€

Este hotel con buena relación calidad/precio ofrece habitaciones modernas, luminosas y con una decoración que combina elementos clásicos y contemporáneos. Wifi gratuito y ordenadores portátiles de alquiler. Está situado junto a los animados bares y cafés del barrio de Malasaña.

Mora

PLANO F5 ▪ Paseo del Prado 32 ▪ 91 420 15 69 ▪ www.hotelmora.com ▪ €€

Este hotel está frente al Museo del Prado y es perfecto para amantes del arte con presupuesto ajustado. Las habitaciones, algunas con vistas al famoso paseo, incluyen caja fuerte y televisión vía satélite. Reserve con antelación.

TOC Hostel

PLANO N4 ▪ Plaza Celenque 3-5 ▪ 91 532 13 04 ▪ www.tochostels.com ▪ €€

Este establecimiento, uno de los albergues de diseño abiertos recientemente en la ciudad, ofrece habitaciones modernas y dormitorios. Se puede conocer a los demás huéspedes en el bar o jugando al billar. Cocina bien equipada.

Hoteles con encanto

Box Art Hotel-La Torre

PLANO A1 ▪ Paseo de los Rosales 48, Collado Mediano ▪ 91 855 85 58 ▪ www.latorreboxarthotel. com ▪ €

Un hotel situado entre montañas es el mejor sitio para desconectar. Con un estilo único, dispone de spa, sauna, piscina exterior, bicicletas gratuitas para los huéspedes y dan cursos de cocina. La estación de esquí de Navacerrada se encuentra a solo unos minutos.

Hotel Emperador

PLANO P2 ▪ Gran Vía 53 ▪ 91 547 28 00 ▪ www. emperadorhotel.com ▪ €€

Este hotel ofrece una magnífica ubicación con vistas a la plaza de España. Sus lujosas habitaciones (las *suites* disponen de *jacuzzi* y ducha de hidromasaje) son las preferidas por muchos famosos. Amplia piscina en la azotea con vistas panorámicas.

NH Collection Madrid Eurobuilding

Calle Padre Damián 23 ▪ 91 353 73 00 ▪ www. nh-hotels.com ▪ €€
Este hotel se encuentra en el barrio financiero. Las habitaciones Living Lab disponen de artículos de alta tecnología, como televisores de alta definición e iluminación inteligente, y las de los pisos superiores ofrecen preciosas vistas. La oferta culinaria incluye el restaurante DiverXO, el único de Madrid con tres estrellas Michelin.

Petit Palace Ópera

PLANO M4 ▪ Calle Arenal 16 ▪ 91 564 43 55 ▪ www. petitpalacearenal.com ▪ €€
Madrid es una ciudad cada vez más acogedora para los ciclistas, y en este céntrico hotel prestan bicicletas de forma gratuita a sus huéspedes. Los viajeros disponen de otros prácticos servicios, como uso gratis de un iPad y Mi-Fi (wifi portátil). Las familias tienen a su disposición habitaciones para seis personas, además de carritos y cunas.

Eurostars Madrid Tower

Paseo de la Castellana 259 B ▪ 91 334 27 00 ▪ www.eurostars madridtower.com ▪ €€€
Este hotel se encuentra en la torre PwC, uno de los edificios más altos de

Madrid, que forma parte de la zona financiera Cuatro Torres. Desde la piscina del *spa* y el gimnasio se contemplan unas vistas impresionantes, igual que desde el restaurante Volvoreta de la planta 30.

Hotel Atlántico

PLANO N2 ▪ Gran Vía 38 ▪ 91 522 64 80 ▪ www. hotelatlantico.es ▪ €€€
Este hotel recibe a una fiel clientela, que repite visita atraída por las cómodas habitaciones de decoración clásica, el agradable servicio y la fantástica y céntrica ubicación. Pero lo más destacado es sin duda la preciosa terraza de la azotea, donde se puede tomar una copa mientras se contempla el atardecer sobre los tejados del casco antiguo.

Puerta América

Avenida de América 41 ▪ 91 744 54 00 ▪ www. hotelpuertamerica.com ▪ €€€
Este moderno edificio diseñado por el arquitecto francés Jean Nouvel se encuentra en una de las principales vías de acceso al centro de Madrid. Cada una de las 12 plantas ha sido diseñada por un famoso arquitecto o interiorista, como Norman Foster, Arata Isozaki, Zaha Hadid y Javier Mariscal. Dispone de un buen restaurante.

Room Mate Óscar

PLANO Q2 ▪ Plaza de Pedro Zerolo 12 ▪ 91 701 11 73 ▪ www.room matehotels.com ▪ €€€
Este hotel de la popular cadena Room Mate ofrece habitaciones modernas con decoración en colores

vivos. Lo más destacado es el solárium y la piscina de la azotea. Hay un bar junto a la piscina, donde se organizan sesiones de DJ en las sofocantes noches de verano.

Urso Hotel & Spa

PLANO E2 ▪ Calle Mejía Lequerica 8 ▪ 91 444 44 58 ▪ hotelurso.com ▪ €€
Las habitaciones, amplias y con decoración moderna, el estupendo personal y el *spa* de Natura Bissé, con una pequeña piscina climatizada, convierten este hotel en un lujoso oasis urbano. Las mejores habitaciones disponen de una terraza privada.

Vincci The Mint

PLANO E4 ▪ Gran Vía 10 ▪ 91 203 06 50 ▪ www. vinccithemint.com ▪ €€€
Nada más entrar en este enigmático hotel, le ofrecen algo de beber en recepción. Durante todo el día hay disponible un desayuno *gourmet* a la carta y las habitaciones cuentan con máquinas de café y té. Disfrute de las vistas en la azotea mientras prueba los cócteles y aperitivos.

VP El Jardín de Recoletos

PLANO G3 ▪ Calle Gil de Santivanes 6 ▪ 91 781 16 40 ▪ www.recoletos-hotel.com ▪ €€€
Este hotel dispone de una preciosa terraza ajardinada, un oasis de verdor en el centro de la ciudad. Ofrece habitaciones luminosas, amplias y con muebles cómodos. El romántico restaurante del hotel prepara platos típicos del Mediterráneo, que se sirven entre las magnolias y palmeras.

Precios ver p. 142

Índice general

Los números de página en **negrita** se refieren a las entradas principales.

A

Abonos de transporte 135
Accidente (Ponce de León) 33
Adoración de los pastores, La (El Greco) 16
Adoración de los Reyes Magos (El Greco) 85
Aduanas 138
Al-Mundhir 47
Alba, duquesa de 79
Alcachofa, fuente de la 37
Alcalá de Henares 127
Alcohol 138
Alfonso VI 102
Alfonso XII
  monumento 8-9, 36
  Palacio Real 13
Alfonso XIII 15, 47, 80
Ali Ben Yusuf 52
Alojamiento 141-147
  alojamiento económico 146
  hoteles con encanto 146-147
  hoteles de diseño 144-145
  hoteles de lujo 142-143
  hoteles de negocios 145
  hoteles históricos 143-144
Ambulancias 139
Anasagasti, Teodoro 63
Andén 0 59
  Ángel caído, El (Bellver) 37
  Angélico, Fra 16
  La Anunciación 18
Anglada Camarasa, Hermenegildo
  Retrato de Sonia de Klamery, condesa de Pradre (tendida) 32
Anunciación, La (El Greco) 29
Anunciación, La (Fra Angélico) 18
Aquópolis 61
Arana, Javier 57
Aranjuez 127
Arco de Cuchilleros 22

Areces Rodríguez, Ramón 94
Arquitectura 50-51
Arquitectura, Museo de la 41
Arroyo, Eduardo 7
Art déco 34, 95
Ateneo de Madrid 112
Atocha, estación de 53, 82
Atocha, invernadero de 53
Atracciones, Parque de 60
Auditorio Nacional de Música 63
Auto de fe en la plaza Mayor de Madrid (Rizi) 46
Autobuses 134, 135, 136
Automovilismo 61
Autorretrato (Durero) 21
Autos de Fe 23
Avión 134, 135
  Museo del Aire 58
Ayuntamiento 50, 81
Azulejos 44-45, 51

B

Bacon, Francis
  Figura tumbada 32
Bailarina basculando (Degas) 30
Ballesteros, Severiano 57
Banco de España 95
Bancos 133
Baño del caballo, El (Sorolla) 87
Barceló, Miquel 7
Barcos
  Museo Naval 82
Bares 64-65
  bares de tapas 66-67
  barrio de Salamanca y Recoletos 90
  buen Retiro 73
  casco antiguo 116-117
  Chueca y Malasaña 124
Batalla de Turín, La (Parrocel) 15
Becerra, Gaspar 25
Bellini, Giovanni 94
  La Virgen y el Niño entre dos santas 18
Bellver, Ricardo
  El ángel caído 37
Benlliure, Mariano 36
Berlín, café 96
Bernabéu Santiago 56

Berruguete, Pedro
  Auto de fe presidido por santo Domingo de Guzmán 16
Bibliotecas
  Ateneo de Madrid 112
  Biblioteca Nacional 87
  El Escorial 40
  Real Biblioteca 13
Bicicletas 136, 137
Billetes y abonos de transporte 135
Boabdil 14
Bodegón con instrumentos (Popova) 30-31
Bomberos 139
Bonaparte, José 12, 47, 100
Borbones **15**
Bosco, el
  El jardín de las delicias 20
Botticelli, Sandro 16
  La historia de Nastagio degli Onesti 18
Bourgeois, Louise
  Araña 34
Braganza, Bárbara de 121
Brueghel el Viejo, Pieter
  El triunfo de la muerte 20
Buen Retiro, casón del 37

C

Caballero, Juderías 101
Caballos, carreras de 57
Cafés
  barrio de Salamanca y Recoletos 90
  casco antiguo 116
  Chueca y Malasaña 124
  Madrid de los Austrias 105
CaixaForum 81
Calvario, El (Rogier van der Weyden) 42
Callao, plaza del 95
Calle Carlos Arniches 26
Calle de la Ribera de Curtidores 26, 27
Calle de las Huertas 112
Calle de Serrano 86
Calle Mira el Sol 26
Calle Preciados 96
Campillo del Mundo Nuevo, plaza 27
Campoamor, Clara 47
Campo del Moro, jardines del 13, 56

Candelas, Luis 22
Capitol, cine 96
Caravaggio 17
  David, vencedor de Goliat 18
Carlier, Francisco 121
Carlos, don 42
Carlos I 15
  el Prado 18
  monasterio de El Escorial 40, 42
Carlos III 15, 46, 47
  El Pardo 128
  estatua 93
  Museo de América 48
  Palacio Real 12, 13
  parque del Retiro 52
  Real Casa de la Aduana 93
Carlos IV 15
  Palacio Real 14
  retrato 14
Carnaval 74
Carné de identidad 138-139
Carpaccio, Vittore
  Joven caballero en un paisaje 28
Casa de América 63
Casa de Campo 53
Casa de la Aduana 95
Casa de la Carnicería 23
Casa de la Panadería 22
Casa de la Villa 109
Casa de las Siete Chimeneas 119
Casa de San Isidro 107, 109
Casa Encendida, La 72
Casa-Museo de Lope de Vega 49, 108
Casco antiguo 106-117
  compras 113-114
  dónde comer y beber 116
  mapas 106-107, 109
  restaurantes y bares tradicionales 117
  una mañana por el casco antiguo 109
  vida nocturna 115
Casino de Madrid 95
Casino Militar 96
Casita del Pescador 37
Castello, Fabrizio 40
Castillo, Luis del 42
Catalina de Aragón 127
Catedral de la Almudena 102-103
Cava de San Miguel 23

Cellini, Benvenuto 42
Centro Comercial Xanadú 61
Centro Cultural Conde Duque 62, 72, 121
Centro de los Ejércitos 96
Centro de Madrid 92-99
  compras 97
  dónde comer y beber 98-99
  mapas 92-93, 95
  un día por el centro de Madrid 95
CentroCentro 58, 82
Centros de cultura 62-63
  vida nocturna 115
Cerralbo, marqués de 48, 101
Cervantes, Miguel de 103, 127
Cervecería Alemana 112
Chardin, Jean-Baptiste-Siméon
  Bodegón con gato y raya 29
Chillida, Eduardo
  Fundación Juan March 65
  Museo de Escultura al Aire Libre 86
  Toki-Egin (Homenaje a san Juan de la Cruz) 34
Chinchón 128
Christus, Petrus
  La Virgen del árbol seco 28
Chueca Goitia, Fernando 102
Chueca y Malasaña 118-125
  dónde comer y beber 124
  mapas 118-119, 121
  tabernas 125
  tiendas de moda 122-123
  un día de tiendas y tapeo 121
Churriguera, José de 128
Cibeles, fuente de 79, 80, 81
Cibeles, palacio de 50
Cibeles, plaza de 79, 81, 95
Cines
  Cine Capitol 96
  Cine Doré 62, 112
  Cine Estudio Círculo de Bellas Artes 96
  Sala Equis 112

Circuito del Jarama 57
Círculo de Bellas Artes 50, 94, 95
  azotea 59
Cisneros, cardenal 127
Clark Lygia
  Bicho (máquina) 34
Clima 140
Club de Campo Villa de Madrid 57
Coches 137
Codoñer, Ángela García
  Tetapop 34
Cole, Thomas
  Expulsión, luna y luz de fuego 29
Colegiata de San Isidro 109, 112
Colón, Cristóbal 48, 84
Colón, plaza de 84
Comedia, teatro de la 112
Comendadoras, plaza de las 121
Comida y bebida
  bares de tapas 66-67
  buen precio 73
  dulces 75
  platos típicos 69
  ver también Restaurantes
Compras
  barrio de Salamanca y Recoletos 88-89
  casco antiguo 113-114
  centro de Madrid 97
  Chueca y Malasaña 122-123
  horarios 140-141
  Madrid de los Austrias 104
  tiendas típicas españolas 70, 71
  ver también Mercados
Comunicaciones 138
Comunidad de Madrid 126-131
  mapa 125
  restaurantes 130-131
Congreso de los Diputados 81, 82
Consejos para la seguridad en el viaje 138, 139
Constable, John 85
Conventos
  Iglesia San Plácido 121
  Monasterio de la Encarnación 102
  Monasterio de las Descalzas Reales 101

Correos 140
Correr, espacios para 57
Corridas de toros 56
Corte Inglés, El 94, 95
Cortés, Hernán 48
COVID-19 141
Cranach el Viejo, Lucas 21
Crescenzi, Giovanni Battista 40
Cristal, palacio de 37, 56, 63
Cubas, marqués de 102
Cuchilleros, arco de 22

D

Dalí, Salvador
  El gran masturbador 32
  Retrato de Joella 34
  Real Academia de Bellas Artes de San Fernando 94
  Residencia de Estudiantes 51
  Museo Nacional Centro de Arte Reina Sofía 7, 32, 34
Daoiz, Luis 47, 120
Debod, templo de 103
Degas, Edgar
  Bailarina basculando 30
Dentistas 138, 139
Deportes 56-57
Der Blaue Reiter 30
Desayunos 73
Descendimiento de la cruz, El (Van der Weyden) 20
Desplazamientos 134-135
  Madrid a buen precio 63
Días festivos 63
Die Brücke, grupo 30
Dinero 140
Dispositivos eléctricos 140
Documentación 138, 139
Doré, cine 62
Dos de Mayo, plaza del 120
Drogas 138
Duccio di Buoninsegna
  Jesús y la samaritana 28-29
Dulces 75
Durero, Alberto
  Autorretrato 21

E

Edificio Metrópolis 94, 95
Edificio Telefónica 94
Emergencias 138, 139
Enrique III 128
Erlanger, barón D' 19

Escorial, El 7, 11, **40-43**, 127
España, plaza de 103
Español, teatro 112
Esquilache, marqués de 119
Estación de Atocha 53, 82
Estadio Santiago Bernabéu 56
Estanque del parque del Retiro 36
Estudio Círculo de Bellas Artes, cine 96

F

Farmacias 138
Fatigas del Querer 51
Faunia 60
Felipe II 15, **43**, 46, 47
  Casa de Campo 53
  casa de las Siete Chimeneas 119
  El Escorial 11, 40, 41, 42
  El Prado 20, 21
  matrimonio 25
  Museo de Historia de Madrid 119
Felipe III 15
  estatua 22-23
Felipe IV 46
  casón del Buen Retiro 37
  estatua 103
  iglesia de San Plácido 121
  parque del Retiro 36
Felipe V 15
  Biblioteca Nacional 87
  el Prado 21
  Museo Arqueológico Nacional 39
  Palacio Real 50
  Real Biblioteca 13
Felipe VI 13, 15, 56
Felipe Próspero, príncipe de Asturias 24
Femme assise I (González) 34
Fernán Gómez, teatro 64
Fernández, Gregorio 102
Fernando VI 49
  tumba 121
Fernando VII 15
  Museo Nacional del Prado 48
  parque del Retiro 36
  puerta de Toledo 27
Ferrocarriles *ver* Trenes
Festival de Otoño 74
Festivos, días 139
Février, Jules y Raymond 50

Fiestas y acontecimientos 74-75
Flórez, Antonio 51
Fontana de Oro, La 51
Francisco de Asís, san 108
Franco, Carlos 22
  Franco, general Francisco 15, 51
  El Pardo 128
  Guerra Civil 35, 47
  Valle de los Caídos 129
Freud, Lucian
  Retrato del barón H. H. Thyssen-Bornemisza 31
Fuentes
  de la Alcachofa 37
  Neptuno 80, 81
  plaza de Cibeles 79, 80, 81, 95
Fumar 138
Fundación Juan March 63
Fusilamientos en la montaña del Príncipe Pío, Los (Goya) 17, 19, 80
Fútbol 56, 80

G

Gainsborough, Thomas 85
Galdiano, José Lázaro 85
Galileo 20
Gasparini, Matías 13
Gaudí, Antoni 120
General Vara de Rey, plaza del 26
Ghirlandaio, Domenico
  retrato de Giovanna Tornabuoni 29
Giambologna estatua de Felipe III 22-23
Giaquinto, Corrado 12, 13, 14
Gijón, café 84
Giordano, Luca 40, 41
Golf 61
Gómez de Mora, Juan 50
González, Julio 86
González Longoria, Javier 120
Gonzalo, Eloy estatua 26
Goya, Francisco de 79
  azulejos 51
  Banco de España 95
  Biblioteca Nacional 87
  Chinchón 128
  El 3 de mayo de 1808 en Madrid: los fusilamientos en la montaña del Príncipe Pío 17, 19, 80

El Pardo 128
el Rastro 26
ermita de San Antonio de la Florida 101
La maja desnuda 16
La pradera de San Isidro 17
Museo de Historia de Madrid 119
Museo del Romanticismo 119
Museo Lázaro Galdiano 85
Museo Nacional del Prado 16, 48, 79
Palacio Real 14
Pinturas negras 6, **19**
Real Academia de Bellas Artes de San Fernando 49, 94
Real Basílica de San Francisco el Grande 10, **24-25**, 108
río Manzanares 27
Goyeneche, Juan de 128
Granelo, Nicolás 40
Grases i Riera, José 50, 120
Gratis 72-73
Greco, El
Adoración de los Reyes Magos 85
El martirio de san Mauricio y la legión tebana 42
La adoración de los pastores 16
La Anunciación 29
monasterio de El Escorial 40
Museo Cerralbo 101
Real Academia de Bellas Artes de San Fernando 49
Toledo 129
Gris, Juan 7, 32, 94
La ventana abierta 33
Guernica (Picasso) 7, 11, 32, **35**
Guerra Civil (1936-1939) 35, 47
Valle de los Caídos 129
Guerra de sucesión 15
Guía del ocio 138
Gutiérrez, Alonso 24
Gutiérrez, Francisco 121

H

Habitación de hotel (Hopper) 31
Habsburgo **15**

Hammam Al Ándalus 58
Hari, Mata 84
The Hat Rooftop Bar 112
Hemingway, Ernest 94
Hernández, Mateo
Bañista 34
Herrera, Juan de 50
Herrera Barnuevo, Sebastián 24
Hilanderas, Las (Velázquez) 17
Hipódromo de la Zarzuela 57
Hitos históricos 46-47
Holbein el Joven, Hans
Retrato de Enrique VIII de Inglaterra 29
Hopper, Edward
Habitación de hotel 31
Horarios 140-141
Hospitales 138, 139
Hoteles *ver* Alojamiento

I

Idioma 141
Iglesias
catedral de la Almudena 102-103
colegiata de San Isidro 109, 112
iglesia de Nuestra Señora del Carmen 96
iglesia de San Antonio de los Alemanes 121
iglesia de San Plácido 121
iglesia de Santa Bárbara 121
parroquia de San Jerónimo el Real 51, 82
Real Basílica de San Francisco el Grande 10, **24-25**, 108
Impuestos y devoluciones 141
Información turística 141
Internet 140
Invernadero de Atocha 53
Isabel I de Castilla 13, 84
Isabel II 15, 49, 102
Isabel de Braganza 36
Isidro, san 107, 108, 112

J

Jardines *ver* Parques y jardines
Jardines del Campo del Moro 52
Jesús y la samaritana (Duccio) 28-29

Jordaens, Jacob
La familia del pintor 20
Joven caballero en un paisaje (Carpaccio) 28
Juan Carlos I 15, 47
iglesia de San Jerónimo el Real 51
Museo Nacional Centro de Arte Reina Sofía 32
Juan Pablo II, papa 102
Juana de Austria 24, 25
Juvara, Filippo 13, 50

K

Kandinsky, Wassily 30
Kirchner, Ernst Ludwig
Fränzi ante una silla tallada 30

L

Larra, Mariano José de 119
Las Ventas 57
Latina, La 108
compras 114
Lavapiés 108
Lealtad, plaza de la 80, 81
Leoni, Leone y Pompeo 42
Lipchitz, Jacques
Marinero con guitarra 34
Longoria, palacio 50, 120
Lope de Vega, Félix 46, 47
Casa-Museo de Lope de Vega 49, 108
López Aguado, Antonio 36, 102
Lorca, Federico García 51, 84
Luis XIV de Francia 15, 21

M

Madrid Caja Mágica 57
Madrid de los Austrias 100-105
compras 104
dónde comer y beber 105
mapas 100, 103
un día en el Madrid de los Austrias 103
Madrid Río 72
Malasaña *ver* Chueca y Malasaña
Malasaña, Manuela 47, 120
Mandarin Oriental Ritz 80, 81
Mantegna, Andrea
El tránsito de la Virgen 18
Manzanares, río 27

Manzanares el Real 127
mapa 129
Mapas
bares 64
barrio de Salamanca y
Recoletos 85, 87
casco antiguo 106-107,
109
centro de Madrid 92-93,
95
centros de cultura 63
Comunidad de Madrid
126
Chueca y Malasaña 118-
119, 121
lo esencial de Madrid
10-11
Madrid 6-7
Madrid de los Austrias
100, 103
Manzanares el Real
129
museos 49
paseo del Prado y
alrededores 78, 81
rutas menos
frecuentadas 52
Marc, Franz
El sueño 30
March Ordinas, Juan 86
Margarita de Austria 102
Margarita Teresa, infanta
24, 25
María de Austria,
emperatriz 25
María de Molina 13
María de Portugal 25
María Luisa, reina 14, 109
María Tudor, reina de
Inglaterra 20
Mariana de Austria 24
Matadero Madrid -
Centro de Creación
Contemporánea 58
Maximiliano II,
emperador 42
Mayor, plaza 6, 10,
22-23, 50, 107, 109
Médici, Francisco de 42
Mena, Pedro de 25
Mengs, Anton 13
Meninas, Las (Velázquez)
6, 16
Mercados 71
El Rastro 7, 11, **26-27**,
107
mercado de San Antón
121
mercado de San Miguel
6

mercado de sellos y
monedas 23
Merlo y Quintana, Isidro
47
Metro 134-135
Metrópolis 50
Mewes, Charles 80
Millares, Manolo 86
Miró, Joan 7, 32, 86
Retrato II 33
Moda, tiendas de 89, 122
Mohamed I 46
Monasterios y conventos
iglesia de San Plácido
121
iglesia de Santa Bárbara
121
monasterio de la
Encarnación 102
monasterio de las
Descalzas Reales 101
Mondrian, Piet
New York City, New York
31
Moneo, Rafael 16
Monumental, teatro 65
Monumentos
Alfonso XII 8-9, 36
plaza de Colón 84
plaza de la Lealtad 80, 81
Valle de los Caídos 129
Moradillo, Francisco 121
Moraes, Henrietta 32
Moro, Antonio
Felipe II 42
*La reina María de
Inglaterra* 20
Motociclismo 57
*Mujer con sombrilla en un
jardín* (Renoir) 30
Mulot, Jean Baptiste 57
Muralla árabe 112
Murillo, Bartolomé
Esteban 49
*Sagrada familia del
pajarito* 16
Museo de los Orígenes
ver Casa de San Isidro
Museos 48-49
Andén 0 59
Casa-Museo de Lope de
Vega 49, 108
Centro Cultural Conde
Duque 62, 72, 121
Edificio Telefónica 94
entrada gratuita 62, 63
Fundación Juan March
65, 86
gratis 72, 73
horarios 141

Matadero Madrid-
Centro de Creación
Contemporánea 58
Museo Arqueológico
Nacional 6-7, 11,
38-39, 49, 84
Museo Cerralbo 48, 101
Museo de América 48,
101
Museo de Escultura al
Aire Libre 86
Museo de Historia de
Madrid 119
Museo de la
Arquitectura 41
Museo de los Orígenes
(Casa de San Isidro)
107, 109
Museo del Aire 58
Museo del Ferrocarril 59,
82
Museo del Romanticismo
119
Museo la Neomudéjar 59
Museo Lázaro Galdiano
85
Museo Nacional Centro
de Arte Reina Sofía 6,
7, 11, **32-35**, 48, 72, 79
Museo Nacional de Artes
Decorativas 49, 81
Museo Nacional del
Prado 6, 10, **16-21**, 48,
72, 79, 81
Museo Natural de
Ciencias 60
Museo Naval 82
Museo Sorolla 49, 87
Museo Nacional
Thyssen-Bornemisza
7, 10, **28-31**, 48, 72, 81
palacio de Cristal 37, 52,
73
Real Academia de Bellas
Artes de San Fernando
49, 94, 95
Música
centros culturales 62-63

N
Napier, John 39
Napoleón I 12, 15, 93
Natale, Giovanni Battista
12
Navacerrada 128
Neptuno, fuente de 80, 81
Niños 60-61
Nuestra Señora del
Carmen, iglesia de 96
Nuevo Baztán 128

O

Observatorio Astronómico 73, 82
Olazábal, José María 57
Ópera 62, 102
Oriente, plaza de 6, 103
Osuna, duques de 53
Otamendi, Joaquín 50
Oteiza, Jorge de
  Suspensión vacía 34
Ovidio 18

P

Paja, plaza de la 107, 109
Palacio de Hielo Dreams 60
Palacio de Justicia 121
Palacio de Cristal 37, 52, 73
Palacio Real 6, 7, 10, **12-14**, 50, 101, 103
Palacios
  Casa de San Isidro 107
  Casón del Buen Retiro 37
  El Escorial 7, 11, **40-43**, 127
  palacio de Gaviria 6, 96
  palacio de Santa Cruz 112
  palacio Longoria 50, 120
  Palacio Real 6, 7, 10, **12-14**, 50, 101, 103
Palacios, Antonio 50
Palomino, Antonio 109
Pannemaker, Willem de 14
Pardo, El 128
Parnaso, El (Poussin) 21
Parques de atracciones
  Aquópolis 59
  Parque de Atracciones 60
  parque Warner 58
  Parques y jardines 52-53
  Casa de Campo 53
  estación de Atocha 53, 82
  invernadero de Atocha 53
  jardines de Sabatini 53
  jardines del Campo del Moro 52
  Madrid Río 72
  parque de Berlín 53
  parque del Capricho 53
  parque del Oeste 52-53, 103
  parque del Retiro 6, 7, 8-9, **36-37**, 52, 61, 79
  parque Juan Carlos I 53, 73

parque Quinta de los Molinos 58
Real Jardín Botánico 52, 80-81
Parrocel, Joseph
  La batalla de Turín 15
Paseo a orillas del mar (Sorolla) 49
Paseo de las Estatuas 37
Paseo de Recoletos 86
Paseo del Arte, museos del 71
Paseo del Prado 78-83
  dónde comer 83
  mapas 78, 81
  un día en el paseo del Prado 81
Paseos 136-137
  barrio de Salamanca y Recoletos 87
  casco antiguo 109
  centro de Madrid 95
  Chueca y Malasaña 121
  Madrid de los Austrias 103
  Manzanares 129
  paseo del Prado 81
Patinir, Joachim
  Paisaje con san Jerónimo 20
Patrimonio de la Humanidad
  Alcalá de Henares 127
  Aranjuez 127
Pedriza, La 129
Pereda, Antonio 24
Perrault, Dominique 57
Picasso, Pablo 94
  Guernica 7, 11, 32, **35**
  Mujer en azul 32
  Mujer en el jardín 34
  Real Academia de Bellas Artes de San Fernando 94
Piscinas 57
Pizarro, Francisco 48
Planetario de Madrid 73
Plazas
  plaza Campillo del Mundo Nuevo 27
  plaza de Cibeles 79, 80, 81, 95
  plaza de Colón 84
  plaza de España 103
  plaza de la Lealtad 80, 81
  plaza de la Paja 107, 109
  plaza de la Villa 109
  plaza de las Comendadoras 121
  plaza de Oriente 6, 103

plaza de Santa Ana 109
plaza del Callao 95
plaza del Dos de Mayo 120
plaza del General Vara de Rey 26
plaza Mayor 6, 10, **22-23**, 50, 107, 109
puerta del Sol 93
Policía 139
Pollock, Jackson
  Marrón y plata I 31
Ponce de León, Alfonso
  Accidente 33
Popova, Liubov
  Bodegón con instrumentos 30-31
Porter, Endimion 20
Poussin, Nicolas
  El Parnaso 21
Prado, Museo Nacional del 6, 10, 16-21, 48, 62, 79, 81
Precio, Madrid a buen 73
Puerta de Alcalá 82
Puerta de Europa 51
Puerta de la Independencia 36
Puerta de Toledo 27
Puerta del Sol 93, 95

R

Rafael 16
  El Cardenal 18
Rastro, El 7, 11, **26-27**, 107
Real, teatro 64, 102, 103
Real Academia de Bellas Artes de San Fernando 49, 94, 95
Real Basílica de San Francisco el Grande 10, **24-25**, 108
Real Casa de la Aduana 93
Real Fábrica de Tapices 59, 82
Real Jardín Botánico 52, 80-81
Recoletos *ver* Salamanca y Recoletos, barrio de
Rembrandt
  Autorretrato 28
  Judit en el banquete de Holofernes 20
Renoir, Pierre-Auguste
  Mujer con sombrilla en un jardín 30

Repullés, Enrique María 80

Residencia de Estudiantes 51

Restaurante la Quinta del Sordo 51

Restaurantes 68-69
barrio de Salamanca y Recoletos 91
casco antiguo 117
centro de Madrid 98-99
Comunidad de Madrid 130-131
Chueca y Malasaña 124-125
Madrid a buen precio 73
Madrid de los Austrias 105
paseo del Prado y alrededores 83

Retiro, estanque del parque del 36

Retiro, parque del 36-37

Retrato de Enrique VIII de Inglaterra (Holbein) 29

Reyes 75

Ribera, José de 102
El sueño de Jacob 16-17
San Jerónimo 17

Riviera, sala La 65

Rizi, Francisco
Auto de fe en la plaza Mayor de Madrid 46

Robbia, Andrea della 101

Rodríguez, Cecilio 52

Rodríguez, Ventura 13, 37, 79, 102

Rosso Medardo
Niño enfermo 34

Rubens, Peter Paul 19
La Adoración de los Reyes Magos 20
Las tres Gracias 20
Museo Nacional del Prado 16
Real Academia de Bellas Artes de San Fernando 94

Ruiz de Salces, Antonio 121

Rutas menos frecuentadas 58-59

Ruysdael, Salomon van
Vista de Alkmaar desde el mar 28

S

Sabatini, Francesco
Museo Nacional Centro de Arte Reina Sofía 48
puerta de Alcalá 82
Real Basílica de San Francisco el Grande **24-25,** 108
Real Casa de la Aduana 93

Sabatini, jardines de 57

Sacchetti, Gian Battista 12

Sala Equis 112

Sala Riviera 63

Salamanca y Mayol, marqués José de 84, 86

Salamanca y Recoletos, barrio de 84-91
compras 88-89
mapas 85, 87
restaurantes 91
tabernas, bares y cafés 90
un día de compras 87

Salón de Reinos 82

Salud 138, 139

San Antón, mercado de 121

San Antonio de la Florida, ermita de 101

San Antonio de los Alemanes, iglesia de 120

San Isidro 74

San Jerónimo el Real, iglesia de 51, 82

San Miguel, mercado de 6

San Plácido, iglesia de 121

Sánchez, Alberto
Bailarina 34

Sánchez Coello, Alonso 25

Santa Ana, plaza de 109

Santa Bárbara, iglesia de 121

Santa Cruz, palacio de 112

Santiago Bernabéu, estadio 60

Saura, Antonio 86
Grito n.º 7 32

Seguridad personal 139

Seguro de viaje 138, 139

Sellos y monedas, mercado de 23

Semana Santa 74

Sempere, Eusebio 86

Serrano, Pablo 86

Sofía, reina 32

Sol, El 96

Solana, José Gutiérrez
La tertulia del café de Pombo 32

Sorolla y Bastida, Joaquín
El baño del caballo 87
Museo Sorolla 49, 87
Paseo a orillas del mar 49

Stradivarius, Antonio 14

Sueño de Jacob, El (Ribera) 16-17

T

Tabernas
barrio de Salamanca y Recoletos 90
Chueca y Malasaña 125
taberna Almendro 13 51
taberna de Ángel Sierra 125
taberna de la Daniela 51
taberna la Dolores 51

Tablao Flamenco 1911 51

Tacca, Pietro 103
estatua de Felipe III 22-23

Tapas, bares de 66-67

Tapices
Real Fábrica de Tapices 59, 82

Tàpies, Antoni 86, 94, 95
Superposición de materia gris 33

Taxi 136

Teatros
Madrid a buen precio 63
teatro Clásico 112
teatro de la Zarzuela 64
teatro Español 112
teatro Fernán Gómez 64
teatro Flamenco Madrid 120
teatro Monumental 63
teatro Real 64, 102, 103

Tejero, coronel Antonio 47

Teleférico 59

Teléfonos móviles 140

Televisión 138
Templo de Debod 103
Tenis 61
*Tertulia del café de
Pombo, La* (Solana) 32
Thyssen-Bornemisza,
barón Heinrich 28
Thyssen-Bornemisza,
baronesa 48
Tiendas de moda
barrio de Salamanca y
Recoletos 89
Chueca y Malasaña
122
Tiendas típicas
españolas 70-71
Tiendas de zapatos 73
Tiepolo, Giovanni
Battista 14
*La Inmaculada
Concepción* 18
Tierno Galván, Enrique
47
Tintoretto, Jacopo 29
El Escorial 40
El lavatorio 18
Museo Nacional del
Prado 16
Real Academia de
Bellas Artes de San
Fernando 94
Tirso de Molina 46, 112
Tirso de Molina, plaza
de 112
Tiziano 29
*Dánae recibiendo la
lluvia de oro* 18
El Escorial 40
La Última Cena 42
Museo Nacional del
Prado 16
Real Academia de
Bellas Artes de San
Fernando 94
Toledo 129
Toledo, Juan Bautista 41
Toros 60-61
Torre de Cristal 51
Tren de Cervantes 128

Tren de la Fresa 61
Trenes 134, 135
internacionales 134
regionales 134
Museo del Ferrocarril
59, 82
Tren de Cervantes 128
Tren de la Fresa 61
Tres Gracias, Las
(Rubens) 20

U

Unesco Patrimonio
de la Humanidad,
sitios
Alcalá de Henares 127
Aranjuez 127
El Escorial 127

V

Vacunas 138
Valle de los Caídos 129
Van Dyck, Anton 94
*Sir Endimion Porter y
Van Dyck* 20
Van Gogh, Vincent
Les Vessenots 30
Vega-Inclán, marqués
de 119
Velarde, Pedro 47, 120
Velázquez, Antonio 13
Velázquez, Diego de 103
Biblioteca Nacional 87
El Escorial 40
Las hilanderas 17
Las Meninas 6, 16
Museo Lázaro
Galdiano 85
Museo Nacional del
Prado 16
Real Academia de
Bellas Artes de San
Fernando 49
Velázquez, palacio de 37
Velázquez Bosco,
Ricardo 37
Venus y Adonis (Veronés)
18
Veranos de la Villa 74

Verdi, Giuseppe 102
Veronés, Paolo 40
Venus y Adonis 18
Viajar 134-137
A buen precio 73
Viajeros con
necesidades
específicas 140
Vicente Calderón,
estadio 60
Victoria, Tomás Luis de
25
Villa, plaza de la 109
Villa Rosa, tablao 51
Villanueva, don
Jerónimo de 121
Villanueva, Juan de 22,
48, 109
Virgen de la Almudena
74, 102
Visitas guiadas 136
Viva Madrid 51

W

Wanda Metropolitano 56
Warner Brothers Park,
60
Watteau, Jean-Antoine
31
Web, sitios 140
Weeks, Lewis 94
Welles, Orson 84
Weyden, Rogier van der
El Calvario 42
*El descendimiento de la
cruz* 20
Wifi 140
WiZinc Center 56

Y

Yamasaki, Minoru 51

Z

Zapaterías 63
Zarzuela, teatro de la
64, 96
Zona horaria 140
Zurbarán, Francisco de
16, 49, 108

Agradecimientos

Edición actualizada por

Colaboración Marta Bescos
Edición sénior Alison McGill
Diseño sénior Vinita Venugopal
Edición de proyecto Dipika Dasgupta, Alex Pathe
Edición Chhavi Nagpal
Documentación fotográfica sénior Vagisha Pushp
Iconografía Taiyaba Khatoon
Diseño de cubierta Jordan Lambley
Cartografía sénior Subhashree Bharati
Cartografía Suresh Kumar
Diseño DTP sénior Tanveer Zaidi
Producción sénior Jason Little, Samantha Cross
Responsable editorial adjunto Beverly Smart
Responsables editoriales Shikha Kulkarni, Hollie Teague
Edición de arte Sarah Snelling
Edición de arte sénior Priyanka Thakur
Dirección de arte Maxine Meliham
Dirección editorial Georgina Dee

DK quiere agradecer a las siguientes personas su contribución a las ediciones anteriores: Chrisopher Rice, Melanie Rice, Mary-Ann Gallaghar, Hilary Bird

El editor quiere agradecer el permiso para reproducir las siguientes fotografías:
Leyenda: a-superior; b-abajo/inferior; c-centro; f-alejado; l-izquierda; r-derecha; t-arriba
Alamy Stock Photo: age fotostock 23cr, 88tl, 93cr / Artelan 34clb / María Galán 97crb / David Miranda 96br, 101tr, / Guillermo Navarro 57crb, /José Ramiro 73clb / Lucas Vallecillos 25tl; Peter Barritt 20tl; Ian Dagnall 80b; Emma Durnford 115cr; Factofoto 59br, 94c; Kevin Foy 63tl; María Galán 112clb; geogphotos 120br; Kevin George 58tl; Steve Hamblin 14tr; Hemis 14br; Heritage Image Partnership Ltd 18br; Phil Hill 91cr; Peter Horree 38cl, 90bl, 108tr; INTERFOTO/Monasterio de Las Descalzas Reales, Madrid *La Dolorosa*, de Pedro de Mena 100tl, /Museo del Prado, Madrid *La adoración de los pastores* (1612) de El Greco 16clb; JOHN KELLERMAN 79bl; Stefano Politi Markovina 51tr; Masterpics/Museo del Prado *Carlos III* (1761) de Anton Rafael Mengs 15tl, /Museo del Prado *Autorretrato* (1498) de Albrecht Durero 21tl, /Museo del Prado *Auto de fe en la plaza Mayor de Madrid* (1680) de Francisco Rizi 46t; Melba Photo Agency 59tl; North Wind Picture Archives 46cb; PjrTravel 26cl; PjrTravel 70br; Prisma Archivo 84cb, *La batalla de Turín, 1706* de Joseph Parrocel 15b; Rosalrene Betancourt 6 88crb; ruellervaille 86cr, 122t; SAGAPHOTO. COM/ Patrick Forget 118tl; Alex Segre, 125tl; Sueddeutsche Zeitung Photo/Giribas Jose 65cra; Lucas Vallecillos 124br; World History Archive 35tl; Zoonar GmbH 72c, 95bl.
Jamones Julián Becerro: 113br.
El Bocaíto: 67cla.
Bridgeman Images: De Agostini Picture Library 14cl; Museo Lázaro Galdiano, Madrid,

Adoración de los Reyes Magos (1567-1570) de El Greco (Domenico Theotocopuli) 85tr; Prado, Madrid *Las Meninas o La familia de Felipe IV* (c.1656) de Diego Rodríguez de Silva y Velázquez 16br.
Café de Oriente: 105clb.
Capas Seseña: 70clb.
Casa Alberto: 117cr.
Casa Museo Sorolla: *Paseo a orillas del mar* (1909) de Joaquín Sorolla 49cr; *El baño del caballo* (1909) de Joaquín Sorolla 87bl.
Casa Patas: 115tc.
Corbis: Arcaid/Richard Bryant 13tl; Eye Ubiquitous/Bennett Dean 112tr; The Gallery Collection 18tl; Hemis/René Mattes 41tl; Leemage/Museo del Prado, *Las hilanderas o la fábula de Aracne* (c.1657) de Diego Velázquez 17tl.
Dreamstime.com: Alezia 10br; Anibaltrejo 92tl; Bpperry 10cr, 109bl; Btlife 25crb; Dennis Dolkens 6tl, 56t; Dinozzaver 107tr; Epalaciosan 95tl; Gil7416 52t; Gilles Gaonach 2tl, 8-9; Gregory108 54-55; Hect 51cl; Hemeroskopion 75tr; David Herraez 60tl; Icononiac 72t; Jackf 127tl; Lestertairpolling 123cra; Lukasz Janyst 128-129tc; Javierespuny 7cr; Justinmetz 37cr; Karsol 129bc; Lawmoment 74bl; Macsim 40-41; Andres Garcia Martin 4b, 11cr; Miff32 4crb; Milosk50 121clb; Carlos Mora 75clb; Mtrommer 127br; Nikolais 80tr; Outsiderzone 37tl, 126tl; Pabkov 41cr, 53br; Paha_l 36br; Narcis Parfenti 128cl; William Perry 10bl; Jozef Sedmak 24cr; Sedmak 78tl, 102tr; Siempreverde22 12-13; Slowcentury 26br, 106tl; Andreas Steidlinger 67cla; Tomas1111 3tl, 76-77; Tupungato 73clb, 97cla; Vwalakte 7tr.
El Buda Feliz: Cali Bibang 99tl .
Getty Images: DeAgostini 43b; Pablo Blazquez Dominguez cb; Hulton Archive 43tl, /Culture Club 43tr; Daniel Hernanz Ramos 24bl; Rafa Samano 47br; UIG/MyLoupe 90tc.
Hotel ME Madrid: Radio 116br.
iStockphoto.com: fotoVoyager 26-27c, JJFarquitectos 36-37c; LucVi 1; miralex 22-23c; SeanPavonePhoto 4t; TkKurikawa 114b.
Licores Madrueño S.L.: 71cl.
Madrid Destino: Sofía Menéndez 79t.
Manuel González Contreras: 70cra.
Mesón Cuevas Del Vino: 130cr.
© Museo Thyssen-Bornemisza, Madrid: *Joven caballero en un paisaje* (1510) de Vittore Carpaccio 28bl; *Bailarina basculando* (1877-1879) de Edgar Degas 30bc; *Jesús y la samaritana* (1310-1311) de Duccio di Buoninsegna 28-29; *La anunciación* (c.1567-1577) de El Greco 29crb; *Retrato de Enrique VIII de Inglaterra* (1537) de Hans Holbein El Joven 29tc; *Habitación de hotel* (1931) de Edward Hopper 31br; *Bodegón con instrumentos* (1915) de Liubov Popova 31tl; *Mujer con sombrilla en un jardín* (c.1873) de Pierre-Auguste Renoir 30tl.
Museo Arqueológico Nacional: Santiago Relanzón 38b, 38-39, 39tl, 39ca, 39cb, 39b.
Museo Cerralbo: Latova José Fernández-Luna 48t.
Museo Chicote: Emilia Brandao 64t, emiliabrandaophoto 98bl.

Museo del Romanticismo: Pablo Linés Viñuales 119tr.

Museo Nacional Centro de Arte Reina Sofía: Joaquín Cortes/ Roman Lores 11tr, *Retrato II* (1938) de Joan Miró © Successió Miró/ADAGP, Paris and DACS London 2016 33cr; *Guernica* (1937) de Pablo Picasso © Succession Picasso/ DACS, London 2016 35b; *Accidente* (1936) de Alfonso Ponce de León 33tr; *La tertulia del Cafe de Pombo* (1920) de José Gutiérrez Solana © DACS 2016 32bl.

NH Hoteles/Estado Puro: Gonzalo Arche 69clb.

Palacio de Cibeles: 83c.

Ramses Life: 67bl.

Reserva y Cata: Leonardo Castro 123clb.

Restaurante Botín: 68t.

Restaurante Horcher : 83bl.

Restaurante Parra: 131br.

Robert Harding Picture Library: Hugo Alonso 110-111; Walter Bibikow 4t; Barbara Boensch 2tr, 44-45; Jeremy Bright 37crb; Adrian Dominguez 4cl; Elan Fleisher 3tr,132-133; Xavier Florensa 36-37c; Elena de Las Heras 1; Juergen Richter 11b, 12crb; Arturo Rosas 4cr; White Star/Monica Gumm 4clb, /Alberto Mateo 32-33.

Shutterstock.com: F.J. CARNEROS 103bl.

SuperStock: age fotostock 10cla, 40br, 120tl; Album/Joseph Martin 16-17; Classic Vision/age fotostock/Museo de la Real Academia de Bellas Artes de San Fernando *Autorretrato a los 69 años de Francisco de Goya y Lucientes* 19tl; Fine Art Images/Museo del Prado *El 3 de mayo de 1808 en Madrid: los fusilamientos* (1814) de Francisco de Goya 19b, *Las tres Gracias* (1635) de Pieter Paul Rubens, c. 20bc, *El Parnaso* (1631) de Nicolas Poussin 21b; Joseph Martin 10cl; Peter Barritt 40cl, 42tc; Robert Harding Picture Library 128crb; Travel Library Limited 11cb; Peter Willi/ El Escorial *El martirio de san Mauricio y la legión tebana* (1580-1581) de El Greco 42c.

Taberna de Antonio Sánchez: 66b, Picasa117cb.

Taberna del Alabardero: 66cl

Teatro Real: Javier del Real 62b, 102bl.

La Tienda de las Hamacas: 114br.

Velas de la Ballena: 123ca.

La Violeta: 113tc.

Xanadú: 61cla.

Cubierta

Delantera y lomo: **iStockphoto.com:** LucVi 1. Trasera: **Alamy Stock Photo:** María Galán cl; **Dreamstime.com:** Erix2005 crb, Konstantin Kopachinskii tl, Sean Pavone tr; **iStockphoto. com:** LucVi b.

Mapa desplegable

iStockphoto.com: LucVi
Resto de imágenes © Dorling Kindersley
Para más información visite: www.dkimages.com

Documentación fotográfica: Barnabas Kindersley, Lisa Linder, Rough Guides/Ian Aitken, Rough Guides/Tim Draper, Rough Guides/Lydia Evans, Kim Sayer, Clive Streeter, John Whittaker, Peter Wilson

Ilustración: Chris Orr & Associates.

Penguin
Random
House

De la edición española
Coordinación editorial Cristina Gómez de las Cortinas
Servicios Editoriales Moonbook
Traducción DK

Impreso y encuadernado en Malasia

Publicado originalmente en Gran Bretaña en 2003 por Dorling Kindersley Limited One Embassy Gardens, 8 Viaduct Gardens, London SW11 7BW, UK

Copyright 2003, 2023 © Dorling Kindersley Limited Parte de Penguin Random House

Título original Eyewitness Travel Top 10 Madrid Novena edición, 2024

ISBN: 978-0-241-68299-9

Notas de viaje

Callejero

Abada, calle de **N3**
Aduana, calle de **P3**
Alberto Aguilera,
  calle de **C1**
Alcalá, calle de **P4**
Alfonso XI, calle de **F4**
Alfonso XII, calle de **G5**
Almargo, calle de **F2**
Almirante, calle del **F3**
Alonso Martínez,
  plaza de **E2**
Amaniel, calle de **C2**
Amparo, calle del **D6**
Ángel, plaza del **P5**
Antón Martín,
  plaza de **Q6**
Antonio Maura,
  calle de **F4**
Arenal, calle del **M4**
Arganzuela,
  calle de la **C6**
Argumosa, calle de **E6**
Armería, plaza de la **J4**
Arrieta, calle de **K3**
Atocha, calle de **N5**
Atocha, ronda de **E6**
Augusto Figueroa,
  calle de **Q1**
Ave María, calle de **E5**
Ayala, calle de **G2**
Bailén, calle de **J3**
Ballesta, calle de la **N2**
Bárbara de Braganza,
  calle de **F3**
Barbieri, calle de **R2**
Barco, calle del **P2**
Barquillo, calle de **E3**
Blasco de Garay,
  calle de **C1**
Bolsa, calle de la **N5**
Bordadores,
  calle de la **M4**
Caballero de Gracia,
  calle del **Q3**
Cádiz, calle de **P4**
Callao, plaza de **N2**
Campomanes,
  calle de **L3**
Canalejas, plaza de **Q4**
Cánovas del Castillo,
  plaza de **F4**
Carlos Arniches,
  calle de **C6**
Carmen, calle del **N3**
Carmen, plaza del **N3**
Carnero, calle del **C6**
Carranza, calle de **D2**
Carretas, calle de **P4**
Cascorro, plaza de **C5**
Castellana,
  paseo de la **G2**
Castelló, calle de **H1**
Cava Alta, calle de la **L6**
Cava Baja, calle de la **L6**
Cava de San Miguel,
  calle de la **L5**
Cedaceros, calle de **R4**
Cervantes, calle de **R5**
Cibeles, plaza de **F4**
Ciudad de Barcelona,
  Avenida de **G6**
Claudio Coello,
  calle de **G3**

Colegiata, calle de la **M6**
Colón, plaza de **F2**
Concepción
  Jerónima, calle de **N5**
Conde Barajas, plaza **L5**
Conde de Miranda,
  calle **L5**
Conde de Miranda,
  plaza del **L5**
Conde de Romanones,
  calle del **N6**
Conde Duque,
  calle del **C2**
Corredera Baja de San
  Pablo, calle de la **N2**
Cruz Verde,
  plaza de la **K5**
Cruz, calle de la **P4**
Cuchilleros,
  calle de los **M5**
Delicias, paseo de las **F6**
Divino Pastor,
  calle del **D2**
Dos de Mayo,
  plaza del **D2**
Duque de Alba,
  calle del **M6**
Echegaray, calle de **Q5**
Eduardo Dato,
  paseo de **F1**
Embajadores,
  calle de **D6**
Emperador Carlos V,
  plaza del **F6**
España, plaza de **K1**
Espoz y Mina,
  calle de **P4**
Estudios,
  calle de los **M6**
Felipe IV, calle de **F4**
Fernando VI, calle de **E2**
Ferraz, calle de **B2**
Florida, paseo de la **A3**
Fuencarral, calle de **P2**
García Molinas,
  calle de **L1**
Génova, calle de **F2**
Goya, calle de **G2**
Grafal, calle de **L6**
Gran Vía **M2**
Hermosilla, calle de **G2**
Herradores,
  plaza de los **L4**
Hileras, calle de las **M3**
Hortaleza, calle de **Q2**
Huertas, calle de las **Q5**
Humilladero,
  calle del **C5**
Imperial, paseo **B6**
Independencia,
  plaza de la **G3**
Infanta Isabel,
  paseo de la **F6**
Infantas, calle de las **Q2**
Isabel II, plaza de **L3**
Jacinto Benavente,
  plaza de **N5**
Jacometrezo,
  calle de **M2**
Jardines, calle de los **P3**
Jorge Juan, calle de **G3**
José Ortega y
  Gasset, calle de **G1**

Jovellanos,
  calle de los **R4**
Juan Bravo, calle de **G1**
Juan de Mena,
  calle de **F4**
Lagasca, calle de **G3**
Lavapiés, calle de **D5**
Lavapiés, plaza de **D6**
Lealtad, plaza de la **F4**
Leganitos, calle de **L2**
León, calle del **Q5**
Libertad, calle de la **R2**
Lope de Vega,
  calle de **R5**
Luchana, calle de **E1**
Luis de Góngora,
  calle de **R1**
Luna, calle de la **M1**
Madrazo, calle de los **R4**
Maestro Vitoria, calle **N3**
Magdalena,
  calle de la **P6**
Marina Española,
  plaza de la **K2**
Mártires de Alcalá,
  calle de **C1**
Mayor, calle **N4**
Mayor, plaza **M5**
Mejía Lequerica,
  calle de **E2**
Méndez Álvaro,
  calle de **F6**
Menéndez Pelayo,
  Avenida de **H3**
Mesón de Paredes,
  calle de **D5**
Montalbán, calle de **F4**
Montera, calle de la **P3**
Moratín, calle de **R6**
Moreto, calle de **F5**
Murillo, plaza de **F5**
Núñez de Arce,
  calle de **P5**
Núñez de Balboa,
  calle de **H2**
O'Donnell, calle de **H3**
Olivar, calle del **D5**
Oriente, plaza de **K3**
Paja, plaza de la **K6**
Palma, calle de la **D2**
Paz, calle de la **N4**
Pintor Rosales,
  paseo de **A2**
Prado, calle del **Q5**
Prado, paseo del **F5**
Preciados, calle de **N3**
Prim, calle de **F3**
Princesa, calle de la **C3**
Príncipe de Vergara, calle
  del **H2**
Príncipe, calle del **P5**
Puebla, calle de la **D3**
Puerta de Toledo,
  Glorieta de **B6**
Puerta del Sol,
  plaza **N4**
Recoletos, paseo de **F3**
Red de San Luis,
  plaza de la **P3**
Redondilla, calle de **K6**
Reina Cristina,
  paseo de la **G6**
Reina, calle de la **Q2**

Ribera de Curtidores,
  calle de la **C6**
Rosaleda, calle de la **A2**
Ruiz de Alarcón,
  calle de **F4**
Sacramento,
  calle del **K5**
Sagasta, calle de **E2**
Salesas, plaza de las **F3**
San Agustín, calle de **R5**
San Andrés, calle de **D2**
San Bartolomé,
  calle de **Q2**
San Bernardo,
  calle de **L2**
San Francisco,
  Gran vía de **B6**
San Jerónimo,
  Carrera de **P4**
San Marcos, calle de **R2**
San Martín, calle de **M3**
San Martín, plaza de **M3**
San Miguel, plaza de **L4**
San Millán, calle de **M6**
San Nicolás, calle del **K4**
San Roque, calle de **N1**
San Vicente Ferrer,
  calle de **D2**
San Vicente,
  Cuesta de **J2**
Santa Ana, calle de **C6**
Santa Ana, plaza de **P5**
Santa Bárbara,
  plaza de **E2**
Santa Catalina, calle **R4**
Santa Engracia,
  calle de **E2**
Santa Isabel, calle de **E5**
Santa María la
  Cabeza, paseo de **F6**
Santa María, calle de **R6**
Santiago, calle de **L4**
Santo Domingo,
  Cuesta de **L3**
Santo Domingo,
  plaza de **L2**
Segovia, calle de **L6**
Segovia, ronda de **B5**
Serrano, calle de **G3**
Sevilla, calle de **Q4**
Tetuán, calle de **N4**
Tirso de Molina,
  plaza de **N6**
Toledo, calle de **M6**
Torija, calle de **L2**
Valencia, ronda de **E6**
Valverde, calle de **P2**
Vázquez de Mella,
  plaza de **Q2**
Velázquez, calle de **H1**
Ventura de la Vega,
  calle de **Q4**
Vergara, calle de **K4**
Victoria, calle de la **P4**
Villa de París, plaza **F2**
Villa, plaza de la **K5**
Villanueva, calle de **G3**
Virgen de los Peligros,
  calle de la **Q3**
Virgen del Puerto,
  paseo de la **A4**
Zorrilla, calle de **R4**
Zurita, calle de **E6**